コロナ禍

売上を簡単には伸ばしにくい時代でも、
利益を最大化する方法があります。

物価高

少子高齢化

円安

増税

人手不足

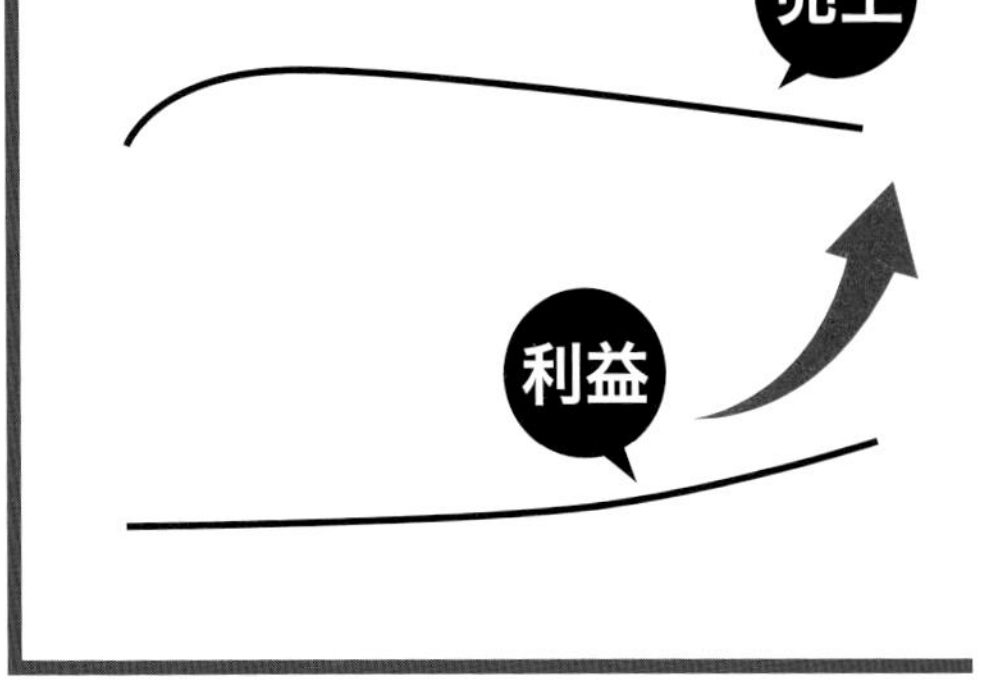

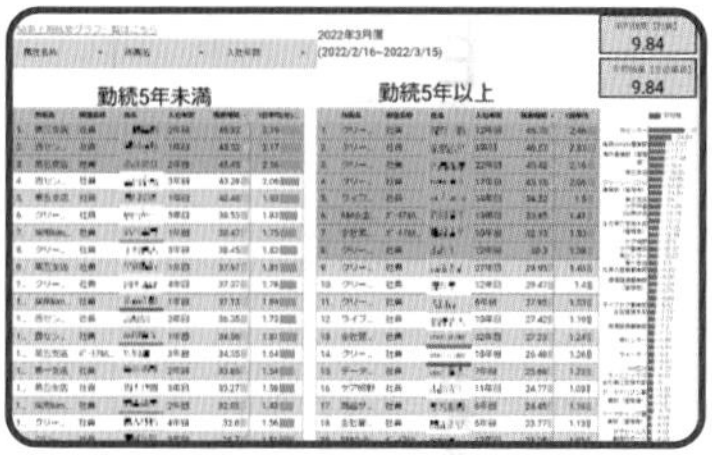

社員個々の残業時間の可視化と生産性のランキング化

➡平均残業時間が
76時間から10時間に！

➡残業代が減り売上は上昇！

➡直近2年の新卒社員52名のうち退職1名！

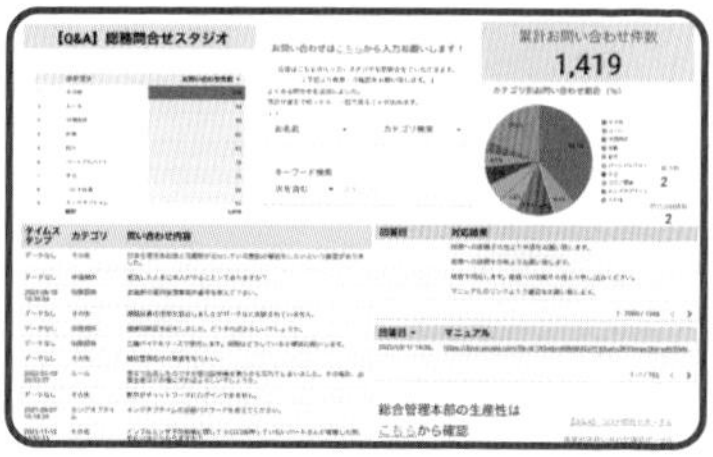

総務への問い合わせ内容を蓄積し回答とともに表示

➡問い合わせ対応時間が
年間156時間減！

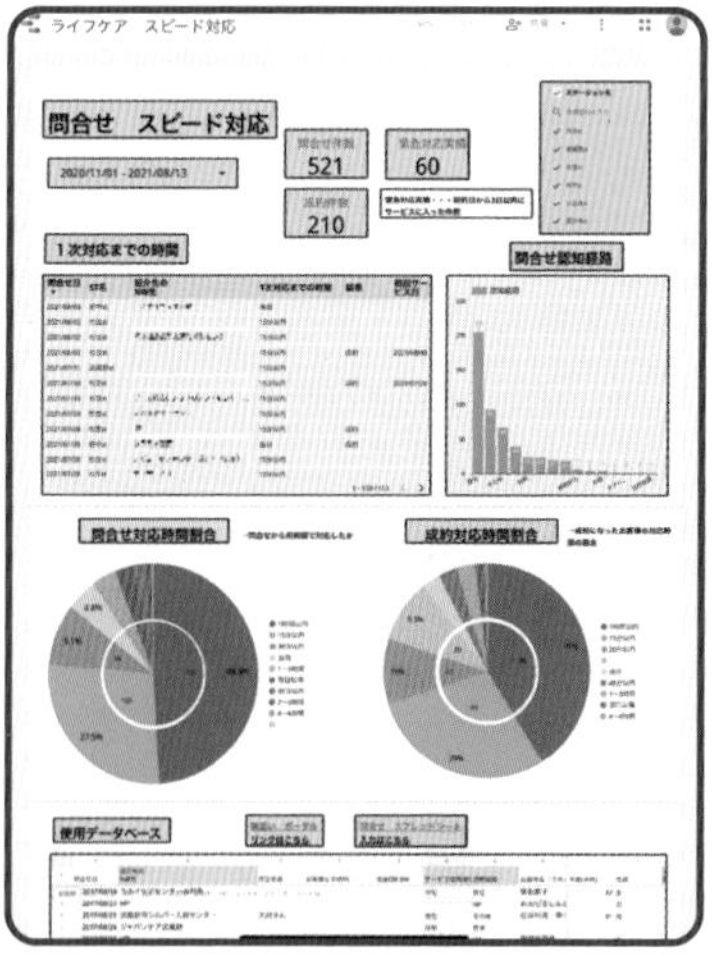

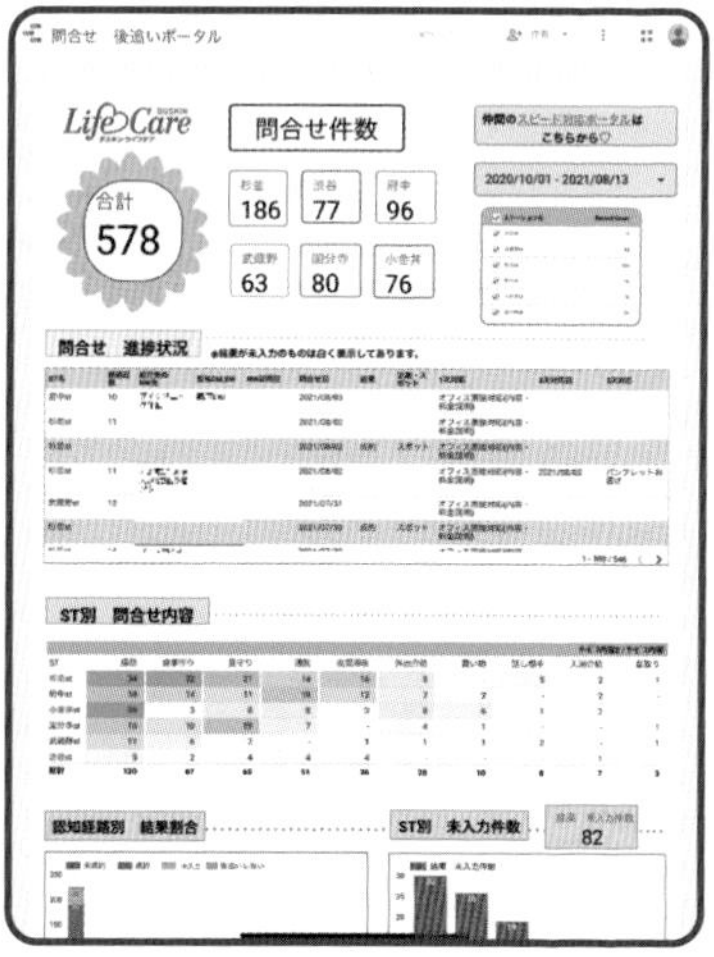

お客様からのお問い合わせへの対応時間とその後の進捗状況をデータ管理

➡10年間赤字の部門が営業利益6100万円を計上！

その他にも——カラーコピーとカラー印刷の費用と回数を可視化

➡年間1000万円の経費節減！

それが「データドリブン経営」。
社内データをリアルタイムで活用。
業務を効率化して、
生産性を高める「超効率経営」です。

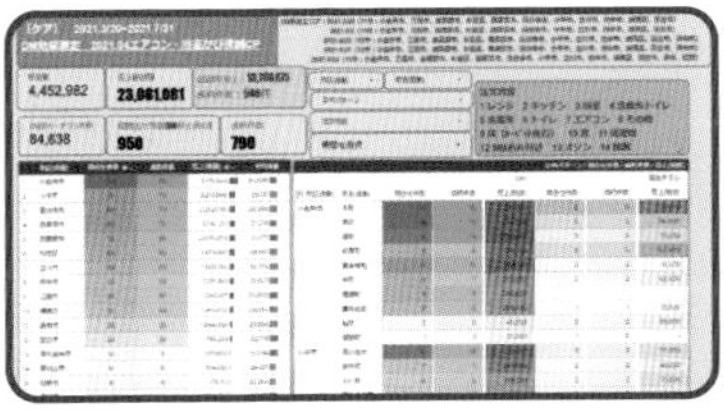

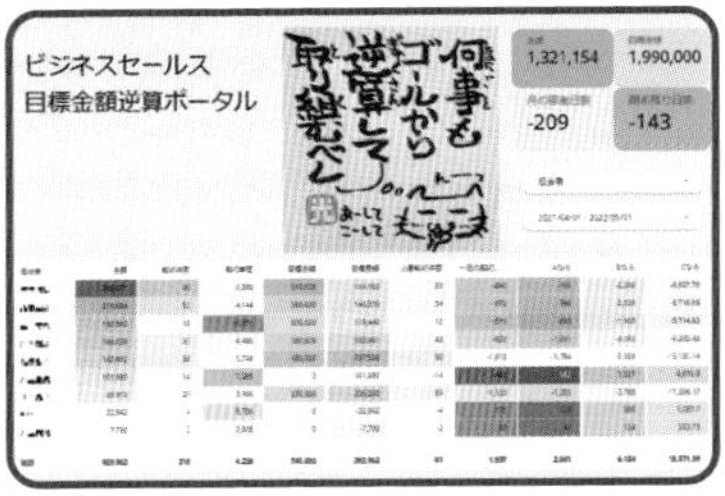

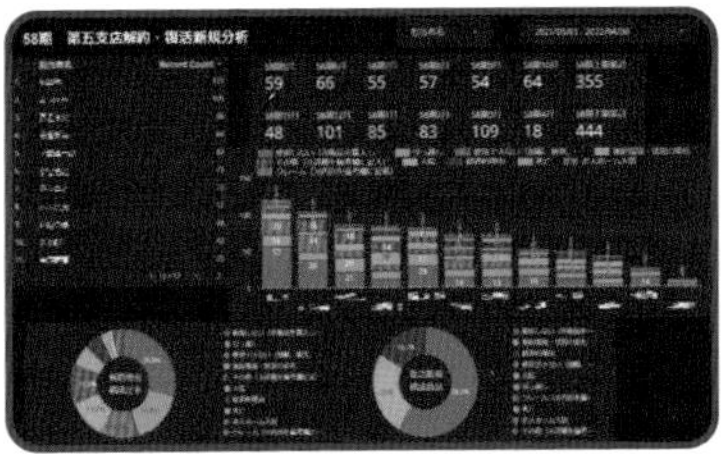

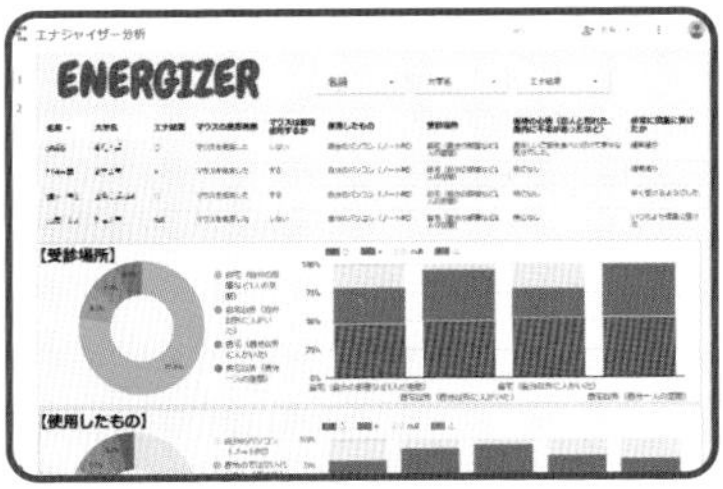

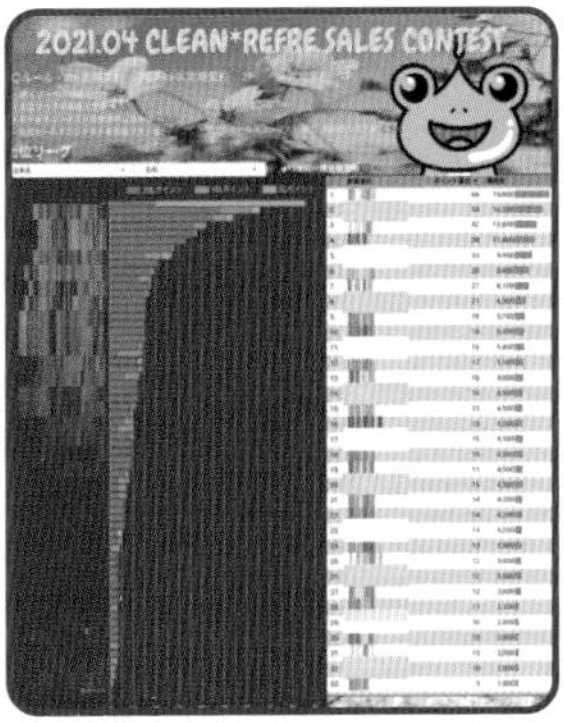

武蔵野は、このデータドリブン経営で
コロナ収束前にもかかわらず
過去最高利益を更新。
経営のサポートをしている会社も
続々と利益を伸ばしています。

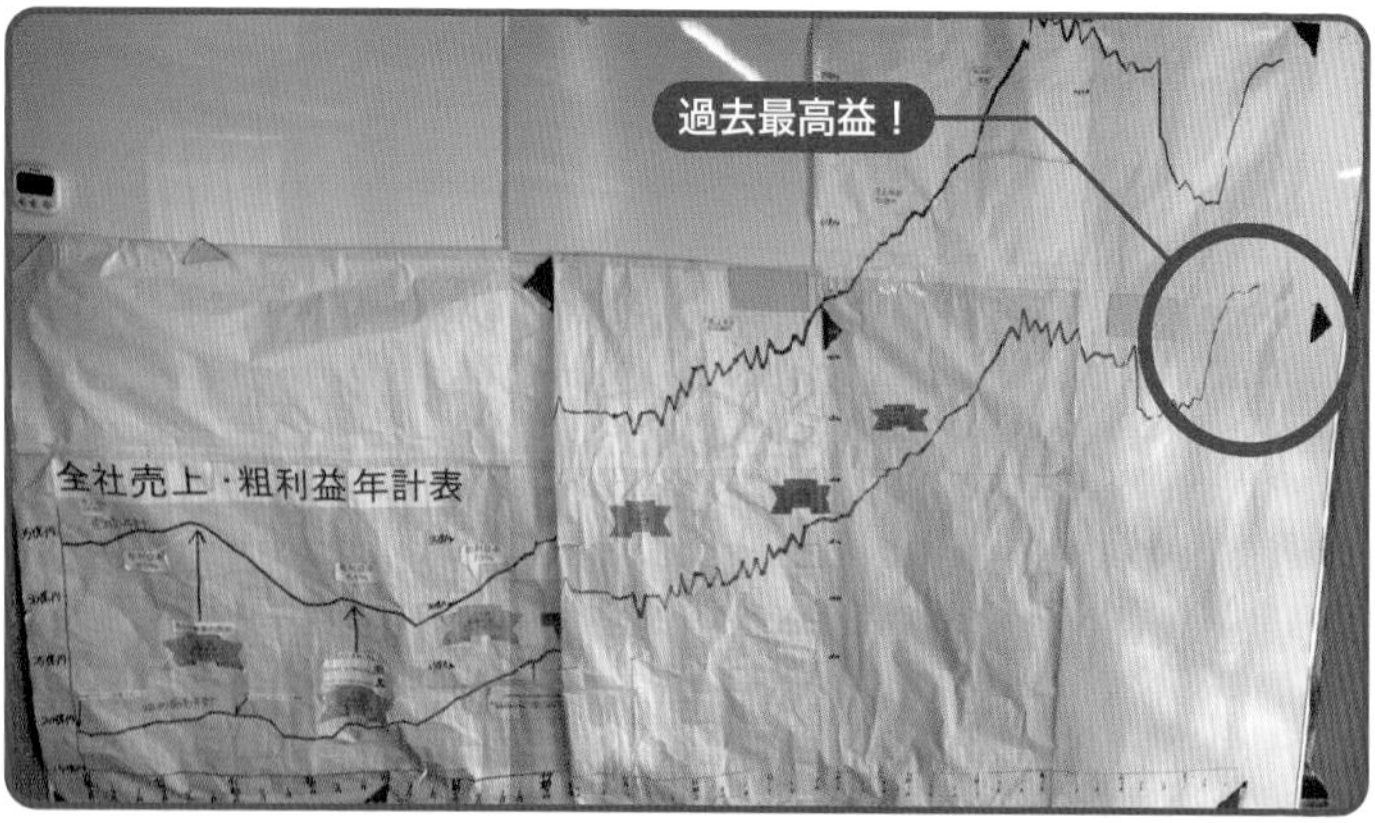

IT、DXは難しそうという
社長さんも大丈夫です。
集めるべきデータは5つだけ。
しかも、これらのしくみは、
すべて社員、
パート・アルバイトがつくりました。

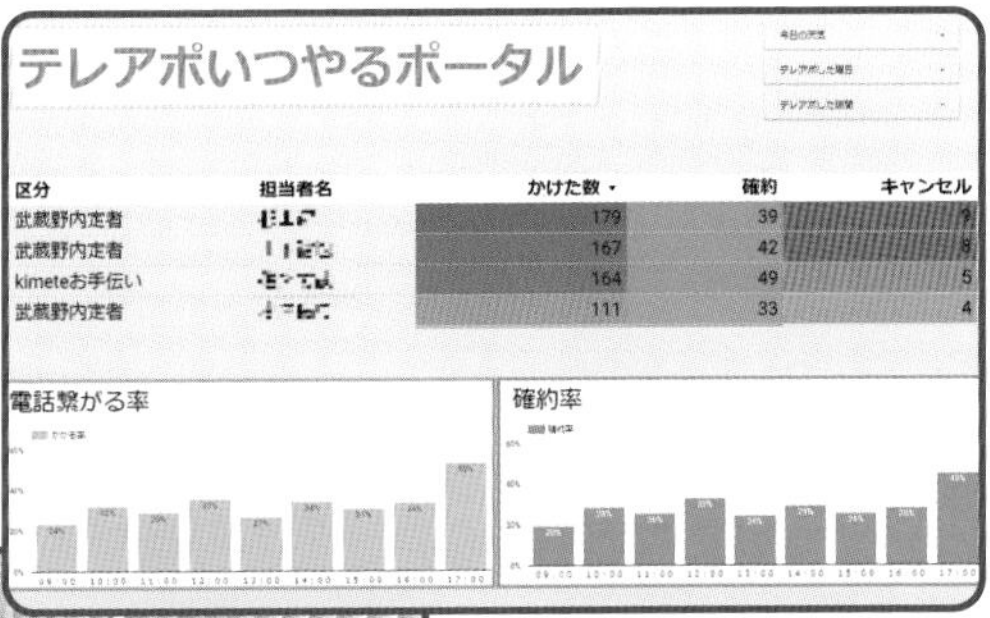

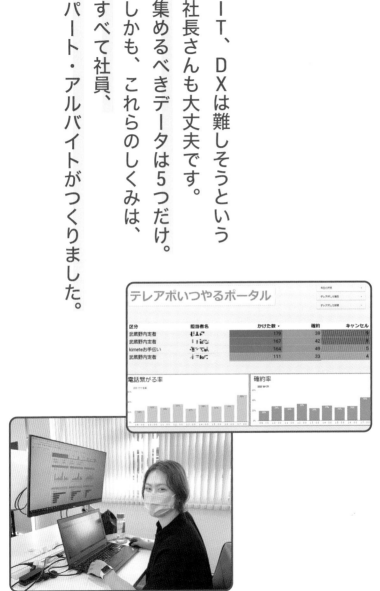

ＩＴ、ＤＸで大切なのは
操作技術より
利用技術、
どう活用するかです。

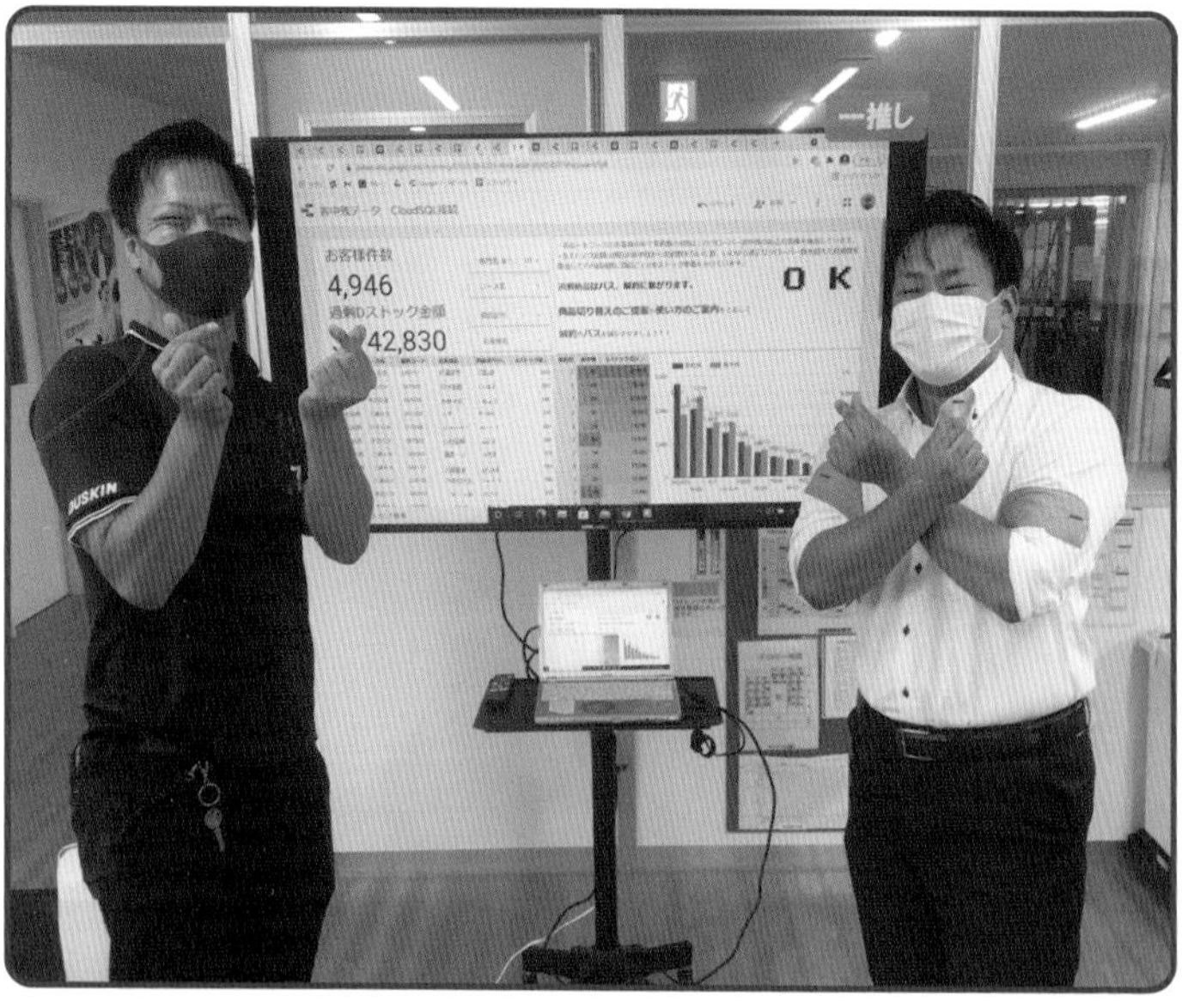

データを蓄積できていない会社でも
社内でデータの活用を展開し、
定着させるポイントも解説しています。

物の整理整頓が情報の整理整頓につながる

他の事業部の取り組みを学び横展開するしくみ

成果の出た取り組みを共有するしくみ

データを活用して、
御社の利益を最大化する方法、教えます！

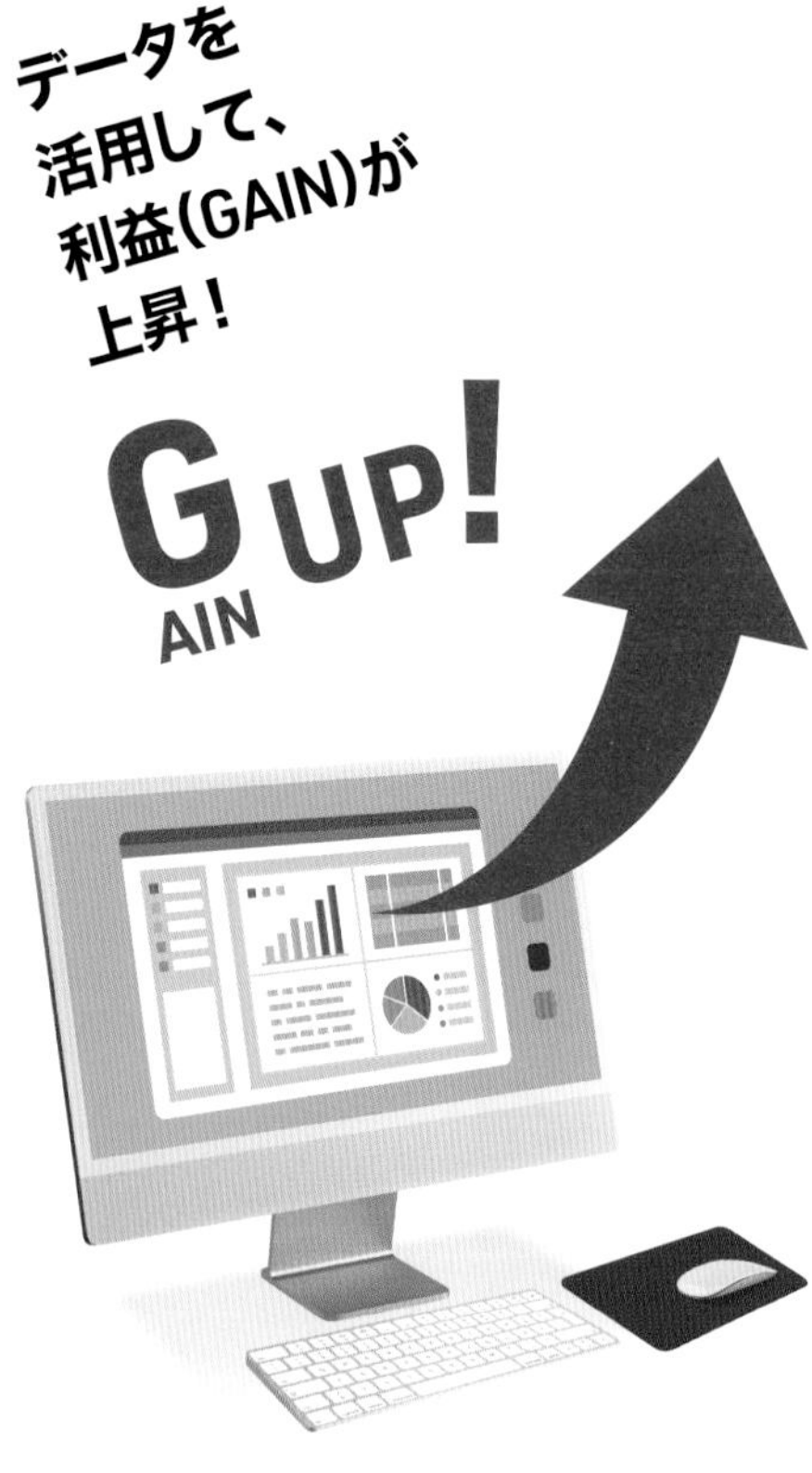
データを
活用して、
利益(GAIN)が
上昇！
G
AIN
UP!

データを使って

利益を最大化する

超効率経営

株式会社武蔵野 代表取締役社長
小山 昇

あさ出版

はじめに

コロナ禍でも武蔵野が磐石なのは「データ経営」をしているから

私が社長を務める「株式会社武蔵野」（本社：東京都小金井市）の事業の柱は、2つあります。

「環境衛生事業」と、「経営コンサルティング事業」です。

環境衛生事業の基幹ビジネスは、「ダスキン」のフランチャイズ。武蔵野は、東京におけるダスキン第1号加盟店です。

経営コンサルティング事業では、自らの知見を世の中に還元すべく、全国の中小企業経営者の支援を行っています。

わが社は、1989年度から2018年度まで、増収増益を続けていました。

しかし、2019年度は事情が違った。リーマンショックや東日本大震災が起きても「増収」を続けてきた武蔵野が、はじめて「減収」を経験。新型コロナウイルス感染症による自粛が響いて、売上が前年を下回りました（前年比87％）。一方、経常利益は約1億円。売上減がなければ、2019年度は、過去最高売上・最高利益が確定的でした。

全国の経営者が「生きるか、死ぬか」の瀬戸際に立たされ、減収に見舞われたが、私は、まったく悲観しませんでした。ウィズコロナ、アフターコロナを見据え、会社を変化させていく自信がありました。なぜなら私は、

「世の中の変化、会社の異常にいち早く気づくため」
「変化に合わせて会社を改革するため」
「先行指標（将来の業績を見通す指標）に気づくため」
「先手を打ってアクションを起こすため」

「そのときできる『最大限の力』を発揮するため」に、「データ経営」をしているからです。

コロナ禍によって売上と粗利額が減ったにもかかわらず、２０１９年度は「約１億円」の経常利益を出すことができたのは、データをフル活用した結果です。

しかも、２０２１年度には基本給１万円のベースアップ、賞与は１・25倍を支給したが（人件費１０５％アップ）、経費が大幅ダウンになり、過去最高の経常利益を計上できた。これもわが社がデータに基づく経営を行っているからできたことです。

デジタル技術を使って、従来のビジネスに変革をもたらす

コロナ禍により、多くの企業がビジネス環境の激変に直面している中、広く注目を集めているのが、

「デジタルトランスフォーメーション（DX《ディーエックス》）」

「データドリブン経営」の考え方です。

中小企業の場合、「聞いたことはあるけれど、何のことだか、よくわからない」「大企業が進めるもので、うちには関係ない」「従業員のＩＴスキルが低いので、使いこなせない」「費用対効果のわからないものに投資できない」と、デジタル化に消極的な社長も少なくありません。

ですが私は、

「デジタルとアナログの融合」

こそ、中小企業の推進力になると考えています。

デジタルトランスフォーメーション（Digital Transformation／ＤＸ）とは、２００４年にウメオ大学（スウェーデン）のエリック・ストルターマン教授によって提唱された概念です。

２０１８年には、経済産業省が日本企業を対象に再定義しています。

「企業がビジネス環境の激しい変化に対応し、データとデジタル技術を活用して、顧客や社会のニーズをもとに、製品やサービス、ビジネスモデルを変革するとともに、業務そのものや、組織、プロセス、企業文化・風土を変革し、競争上の優位性を確立すること」（「デジタルトランスフォーメーションを推進するためのガイドライン Ver. 1.0／平成30年12月／経済産業省）

トランスフォーメーション（Transformation）は、直訳すると「変化、変形」の意味ですから、経済産業省の定義をさらにわかりやすく説明すると、

「デジタル技術を使って、従来のビジネスに変革をもたらす」

ことです（英語圏では「trans-」の略に「X」を使うことから「ＤＸ」と表記される）。

DX化とIT化の違いは、「目的」と「手段」

DX化とIT化を混同している社長がいます。
ITは、「Information《インフォメーション》 Technology《テクノロジー》」の略語で、「情報技術」の意味です。
DX化とIT化の関係は、「目的」と「手段」の関係です。

DX化（目的）
ビジネスに変革をもたらすこと。

IT化（手段）
ビジネスの変革をもたらすために（DX化のために）、デジタルツール、業務ソフト、アプリなどを導入すること。

ＤＸ化は、ＩＴ化を手段と捉えて、業務効率化を図る考え方です。
武蔵野が
「商品の入出庫管理をｉＰａｄのシステム（ダスキン精算システム）に置き換えた」
のは、ＩＴ化の例です。

「商品の入出庫管理をｉＰａｄのシステム（ダスキン精算システム）に置き換えたことで、移動の空き時間に精算作業ができるようになった。その結果、毎日20〜30分かかっていた精算・入力作業と月末の棚卸し作業が不要になり、労働時間の短縮につながった」

としたら、それは「ダスキン精算システム」という「手段」を用いたＤＸ化の一例と考えることができます。

直感や経験に頼るのではなく、データをもとに会社を動かす

デジタルトランスフォーメーションの推進にあたって、もっとも重要なのが、「データドリブン経営」です。

データドリブン経営とは、**「データ主導による経営手法」**のことです。

データドリブン経営

収集・蓄積された客観的なデータを分析し、分析結果にもとづいて企業の方針を決める経営のこと。経営管理や売上のシミュレーション、適切な人材配置など

に活用可能。

ドリブンは、英語の「drive《ドライブ》」の過去分詞（driven）に由来します。データドリブン（Data Driven）を直訳すると、

「データを起点にした」

「データ駆動型の」

という意味です。

つまり、直感、主観、ヤマ勘に頼るのではなく、**「収集したデータを総合的に分析して、会社を動かす」**ことが、データドリブン経営です。

武蔵野は、市場の変化に即時対応できる「データ主導型」の組織づくりを目指し、2019年から、データドリブン経営へ舵を切りました（同年にデータドリブン事業

部を発足。現在はＤＸ事業部）。

ＤＸ事業部

武蔵野社内のデータ化(ＤＸ化)だけでなく、他企業(武蔵野が経営指導する「経営サポートパートナー会員」)のＤＸ化のコンサルティングを行う部署。その企業が抱えている課題を「データを活用して解決する」ための施策をサポートする。

私は、データ（数字）を見て経営判断をしています。データはウソをつきません。社長の直感による判断を避け、データと数字を重視すると、会社やマーケットで何が起きているのかを正確に把握できます。

コロナ禍で多くの中小企業が停滞、撤退、自粛を余儀なくされていた中、新規事業部（クリーン・リフレ事業部）を立ち上げました。

緊急事態宣言の発令中にも守りに入らず、次のアクションを打てたのは、数字、データを客観的に分析し、その結果にもとづいて組織を動かしているからです。

データを起点に経営をすれば、会社の異常をいち早く察知することが可能です。

わが社は、部門ごとの損益（売上や経費など）を毎日更新、グラフに落とし込んで可視化しています。時系列で数字を追うことができるため、異常値の発見や、損益の予測ができます。

グラフが下降傾向を示したときや、利益目標と実績に大きな差が出たとき（目標を大きく下回ったとき）は、その理由を探り、ただちに対策を立てます。会社の問題点を早期発見するには、会社の数字をデータ化・可視化することが大切です。

10年間赤字続きだった事業部が、急伸した理由

一般的に、「使った労力」と「得られた結果」のバランスが取れているとき、「効率的」「効率がいい」と表現します。

データを業務改善に役立てれば、使った労力以上の結果を得ることも可能です。つまり「超効率的な経営」が実現します。

かつての武蔵野は、「10の売上を上げるのに、10のしくみ」が必要でした。
ですが現在は、データによる業務の超効率化が進み、

「5のしくみで、10の売上を上げる会社」

に変わっています。

その一例が、ダスキンライフケア事業部の業務改善です。ライフケア事業部は、シニア家庭の家事代行を行う事業部です。

高齢社会のニーズに応える大事な事業でありながらも「10年間連続赤字」でした。ところが、わずか3年間で急成長。この事業部がここまで黒字化するとは私も思っていませんでした。

56期（2019年度）にはじめて200万円の黒字になり、57期（2020年度）はコロナ禍の影響で減少傾向を見せたものの500万円の利益、58期（2021年度）は驚異的な回復を見せています（**売上4億1700万円、営業利益6100万円は過去最高**）。

ライフケア事業部が黒字化した要因のひとつは、「データ分析」をして、契約数を伸ばしたことです。

【ライフケア事業部が行ったデータ活用例】

・スピード対応（ルッカースタジオ「スピード対応」131ページで詳述）

ルッカースタジオとはデータの管理・整理・分析・可視化ツールのこと。お問い合わせからの対応時間の割合をグラフ化。営業時にお客様にお見せして、ライバル会社と武蔵野の「対応力」の差を知っていただく。対応時間が早くなるほど、成約につながる。

・お問い合わせ後の2次対応（ルッカースタジオ「後追い」132ページで詳述）

お問い合わせをいただいたあと、その後の連絡がないものについては、対応できていなかった。お問い合わせの進捗状況をデータ管理したことで、計画的な2次対応（成約には至らなかったお客様への後追い、フォロー）が可能になった。

データを活用した「スピード対応」と「2次対応」の結果、57期に「118件」だった新規契約数は、58期に**「166件」**、57期に「48件」だった定期獲得件数は、58期に**「65件」**まで伸びています。

そしてこの2つのデータ化によって、府中ステーションは**10カ月連続で全国1位**を、杉並ステーションは**自店の最高記録を達成**しました。

このルッカースタジオは、由井英明参与（現・取締役）のアイデアを、間篠翔吾課長と齋藤由莉佳課長が現場の意見に基づいて作成しました。

わが社のライフケア事業部がそうだったように、中小企業こそ、データ活用の効果は大きい。

データを分析し、未来予測・意思決定・計画立案などに役立てることで、赤字事業を超効率的に黒字化することも可能です。

「データ」は、時代に対応するための最高の武器である

リーマンショック、東日本大震災、消費税増税、円安、少子高齢化、新型コロナウイルス感染症、物価高……。

想定外の出来事の連続で、会社を取り巻く外部環境は過酷を極めています。

しかし、時代がどう変わっても、変化に合わせて会社をつくり変えていかなければいけない。会社が生き残れるかどうかは、

「時代の変化に自社を対応させていけるかどうか」で決まります。

中小企業は、変化を起こすことはできない。けれど、変化についていくことはできます。変化を見逃さず、いち早く対応する。**そのための武器が「データ」です。**

本書では、武蔵野のデータドリブン経営の事例をもとに、

「中小企業におけるデータとデジタルツールの活用方法」

について解説します。

刊行にあたり、事例を提供してくださった経営サポート会員企業の皆さん、執筆のお手伝いをしてくださった藤吉豊さん、出版の機会をくださったあさ出版の田賀井弘毅さんに御礼申し上げます。

多くの中小企業の助力となれば、著者としてこれほど嬉しいことはありません。

株式会社武蔵野　代表取締役社長　小山昇

もくじ

はじめに

第1章　会社のデータは、宝の山

第2章　データを可視化して生産性を高め、利益を上げる

第3章　データを分析して売上を伸ばし、利益を上げる

第4章　データの活用を社内で展開する

第5章　データを集め、整理整頓する

第6章【事例編】データを活用した超効率経営

本文デザイン：株式会社スパロウ
編集協力：藤吉 豊（株式会社文道）

第1章

会社のデータは、宝の山

データドリブン経営の4つのプロセス

分析した結果をアクションにつなげなければ、意味がない

商品、サービス、情報が溢れている現代では、消費者行動が複雑化しているため、売り手の意思決定の難易度も高まっています。

したがって、直感や経験則だけでは、判断を見誤る。

そこで、わが社はデータを活用し、「顧客のニーズ・売上」と「その他の要素の因果関係」などを客観的に分析しています。

ただ、データを分析するだけでは会社は変わらない。分析結果を具体的なアクショ

ンに結びつけてはじめて「データを活用した」といえます。
私は、データを「現場の効率化」につなげるために、データドリブン経営を

①データの収集
②データの分析
③データの可視化
④意思決定

の4つのプロセス（機能）で考えています。

【データドリブン経営の4つのプロセス（機能）】

①データの収集
意思決定に必要なデータを、クラウド上のデータサーバーに蓄積する。
※クラウド……インターネットを通じて、サービスを必要なときだけ利用する考え方。
サーバー……サービスを提供する側のコンピュータ。

②データの分析

蓄積したデータの時間的変化や、他のデータとの関連性などを計算する。

③データの可視化

ランキング、最大値、最小値などをグラフや図で表示する。

④意思決定

データの分析結果をもとに、具体的な施策や対策を決定する。データ分析だけでは利益は増えない。分析結果を具体的なアクションに結びつける。

「データを集めて↓分析して↓可視化（グラフ化、数値化）して↓改善する」。この一連の流れを繰り返すことで、業務の効率化が実現します。

ダスキンケア事業部では、キャンペーンに合わせて、ダイレクトメール（以下D

M）を発送しています。

前述した4つのプロセスでダイレクトメールの効果測定を行った結果、「いつ、どこに、どのようなDMを配れば契約につながりやすいか」が明らかになりました。

①データの収集

全26エリアにダイレクトメールを発送し、反響率を調べる。

反響率とは、DMを送付した人の中で、商品購入や問い合わせなどの行動を起こした人の割合のこと。

②データの分析

反響率を分析した結果、

・反響率が一番低いエリアと、一番高いエリアでは、約3倍も違う

・反響率が高いエリアに特化してDMを配布したほうが、費用対効果は高い

・ＤＭの内容を反響率の高い内容に変更する（「水回りお掃除キャンペーン」より「エアコンキャンペーン」の反響率が高いのであれば、「エアコンキャンペーン」を中心に打ち出す）

ことが判明。

③データの可視化

ＤＭの配布にかかった費用、ＤＭを配布したことによる売上、配布枚数、問い合わせ件数、成約件数などをエリア別にグラフ化する。

④意思決定

これまでのように「すべてのエリアに、まんべんなくＤＭを配布」するのをやめる。これからは**「反響率の高いエリアに、反響率の高い内容のＤＭを配布」**する。

会社の業績を伸ばすには「お客様の数を増やす」しかありません。

データドリブン経営によって業務の効率化が劇的に進む

【例】ダスキンケア事業のダイレクトメール効果測定

①データの収集

⬇

②データの分析　&　③データの可視化

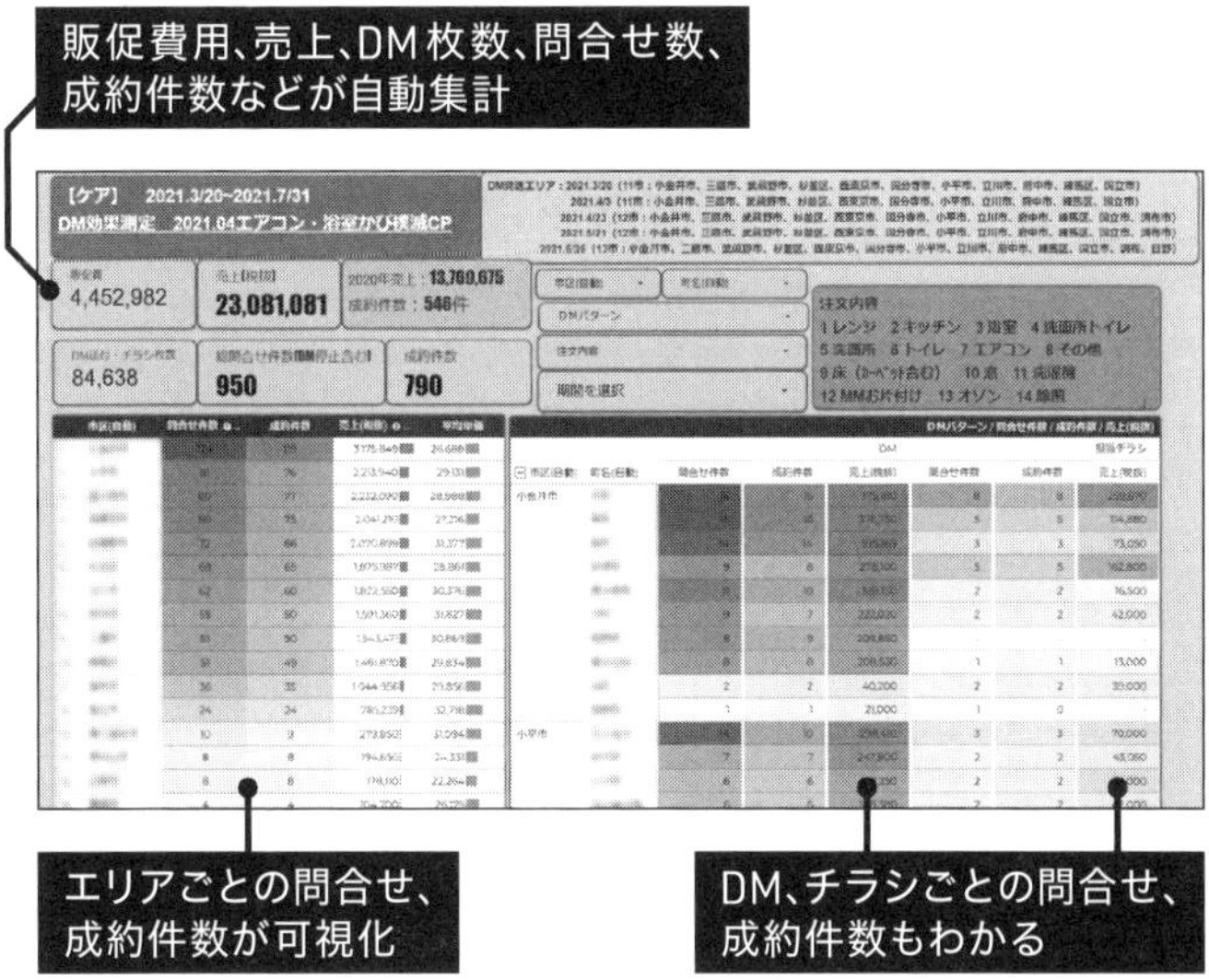
販促費用、売上、DM枚数、問合せ数、成約件数などが自動集計
エリアごとの問合せ、成約件数が可視化
DM、チラシごとの問合せ、成約件数もわかる

いつ、どこに、どのようなDMを送れば契約につながるかがわかる！

⬇

④意思決定

⬇

売上が販促費を上回る！

②③を簡単に実現するツールを次項から紹介！

販売促進費は、「顧客獲得のための攻めの経費」です。販売促進費を減らすと企業競争に敗れます。

販売促進費は、「お客様の数が増加すること」「今売れている商品をさらに売ること」に積極的に使うべきです。

ＤＭ効果測定を行うようになってから、**販売促進費の無駄が減り、「販売促進費を上回る売上」が出ています。**

社内で眠っていたデータを業務改善に役立てる

BIツールを使って、さまざまなデータを分析、可視化する

武蔵野は、「Googleルッカースタジオ」などのBIツール（ビジネス・インテリジェンスツール）を導入したことで、社内で眠っていた大量のデータを生き返らせることに成功しました。

BIツールを使うと、

「あいまいになっていたこと（あいまいにしていたこと）」

「社員が『なんとなく』でしか理解していなかったこと」

「『こうに違いない』と思い違いをしていたこと」

「面倒でやっていなかったこと」

が可視化・データ化されるため、業務の効率化が進みます。

BIツール
企業が持つさまざまなデータを管理・整理・分析・可視化して、経営に役立てるソフトウェアのこと。

Googleルッカースタジオ
Googleが提供する無料のBIツール。Googleルッカースタジオ（2022年10月まで「Googleデータポータル」。ポータルは「入口」の意味。以下、ルッカースタジオと表記）を使うと、プログラミングを行うことなく、さまざまなデータがグラフや表に自動的に変換される。データの自動更新や共有も可能。

比較関数（数値の大小関係などを比較すること）が実装されているため、期間別の比較データ（前月比、昨対比など）も簡単に抽出可能。

ルッカースタジオは、わが社のデータドリブン経営にとって基幹となるツールです。

ルッカースタジオを導入している理由は、おもに3つです。

【Googleルッカースタジオの導入理由】
理由① 作業の手間が省ける
理由② 「新しい事実」がわかる
理由③ 数値がリアルタイムで可視化される

理由① 作業の手間が省ける

データドリブン経営に注力しはじめた当初、私は、「ルッカースタジオは分析、マーケティングに威力を発揮するツールである」と考えていました。
ですが、それだけではなかった。
実際に運用した結果、わかったことが3つあります。

(1)「ルッカースタジオを分析、マーケティングに使おうとすると、アナリストとしてのスキル、専門性、感性が必要となるため、社内に定着しにくい」
→武蔵野の従業員には、難しすぎる。

(2)「分析、マーケティングに使うよりも、仕事をラクにする(面倒な仕事を減らす)ために使ったほうが、業績が上がりやすい」
→専門性を問わないので定着しやすく、結果も出やすい。

(3)「分析、マーケティングに使うと、分析することが目的になる」
→現場の作業を変えないかぎり、会社は変わらない。

武蔵野が利用しているルッカースタジオ一覧

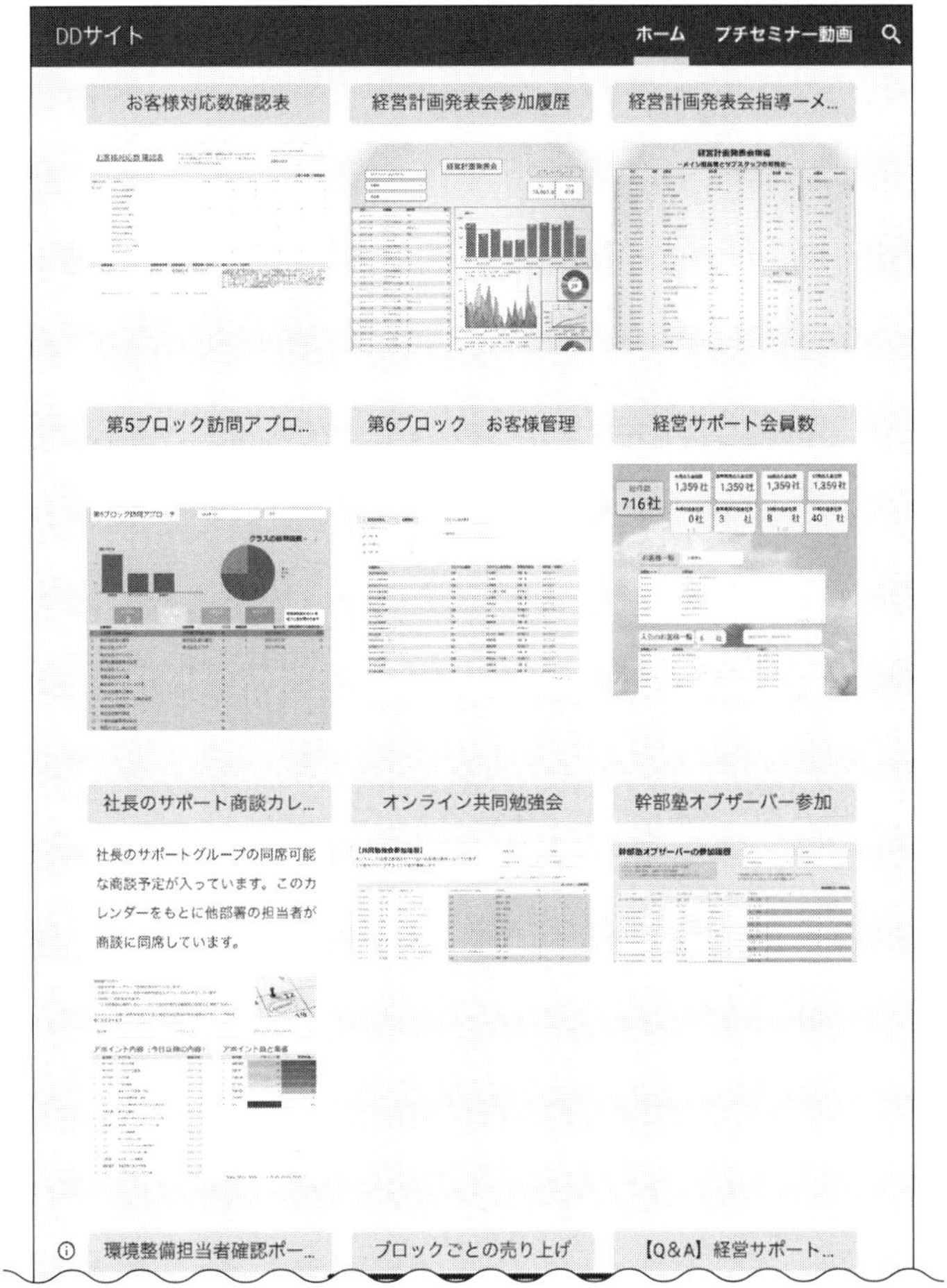

1,000以上のルッカースタジオが稼働中！
（2022年12月現在）

集めたデータを分析するだけでなく、その結果を「現場で活用する」ことが、もっとも大切です。そこでわが社では、ルッカースタジオをおもに、

「時間がかかっていた作業を短時間で済ませるため」
「面倒で、手間のかかった仕事から解放されるため」

に使っています。

全社管理本部（総務部門）は、業務の種類が多く、業務過多になりがちです。「この申請書はどこにあるの？」「経費の精算はいつまでに済ませればいい？」など、従業員800人からの問い合わせ対応が続くと、業務負荷はますます高くなります。

答える側としては、「毎回、同じことを答えているんだけど」「今日だけで同じ質問が3回きた」などと、うんざりする（笑）。

そこで、全社管理本部ではルッカースタジオ**「総務問い合わせ」**をつくり、「どのような問い合わせが多いか」可視化しました（2022年12月時点で1419件を可視化）。

その結果をＦＡＱ（ＦＡＱ／フリークエントリー・アスクド・クエスチョンズ／よくある質問の意味）としてまとめ、ルッカースタジオ「総務問い合わせ」上に表示。ルッカースタジオを見れば、総務に電話をかけなくても、「問い合わせ内容」と「回答」を確認できるため、総務担当者の手間が省けます（専門的な問い合わせについては、マニュアルも添付）。

電話対応に費やしていた時間は、問い合わせ１件につき平均５分間。問い合わせ件数は、１日約７件。ルッカースタジオ上で解決できるようにしたことで、総務への直接の問い合わせが減り、**1日「約35分間」、1カ月「約13時間」の時間短縮**になりました。このルッカースタジオは、経理など30の部署が真似して大活躍しています。

ＦＡＱにない質問に関しては、Googleフォーム（Googleが提供しているフォーム作成ツール。フォームとは、所定の形式を持った書式、あるいは入力欄のこと）を使って総務に問い合わせをします。

毎日、総務が回答を更新することで、ルッカースタジオの精度が上がります（ＦＡ

ルッカースタジオ「総務問い合わせ」で問い合わせ対応業務を効率化

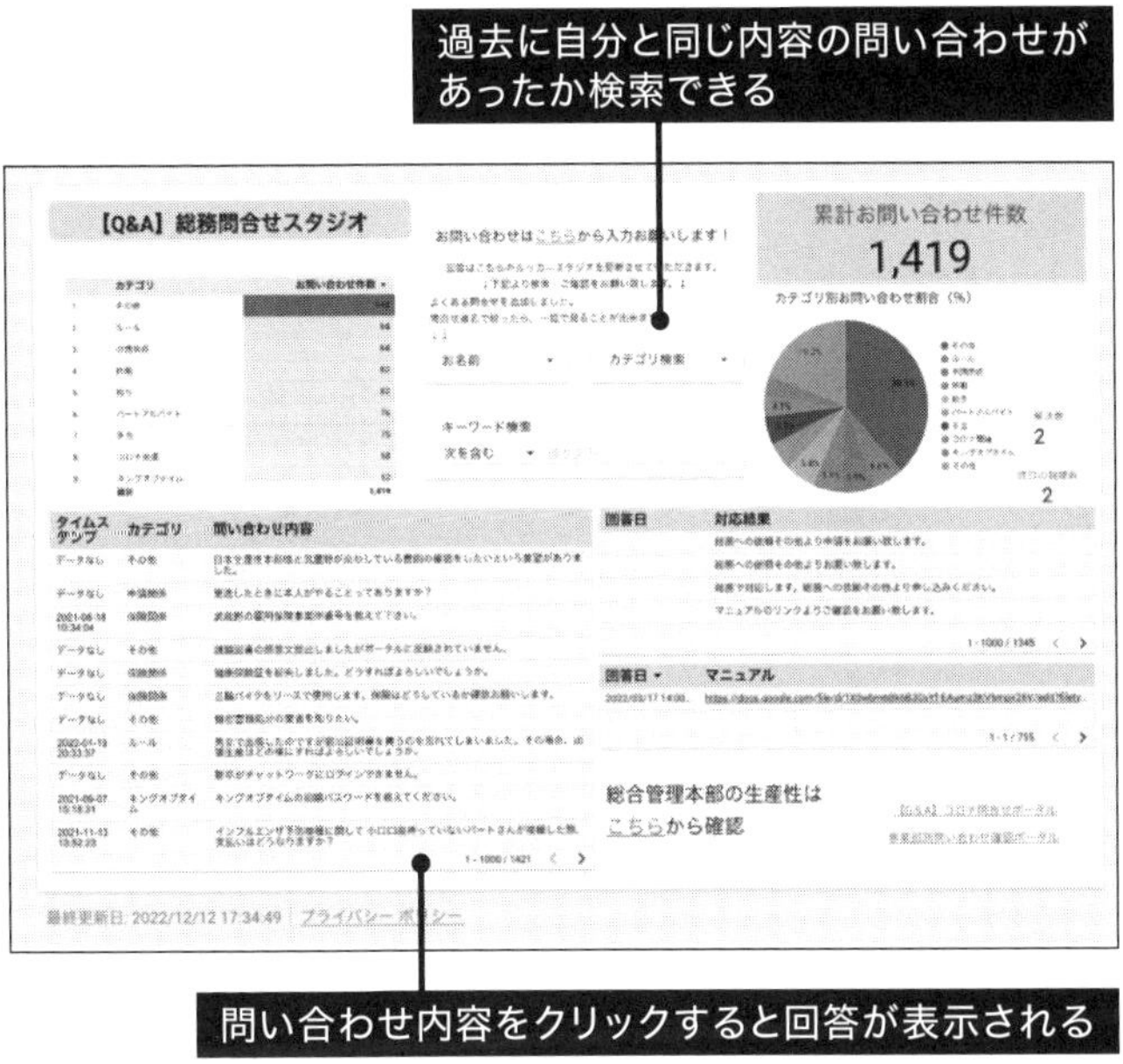
過去に自分と同じ内容の問い合わせがあったか検索できる
【Q&A】総務問合せスタジオ
累計お問い合わせ件数
1,419
問い合わせ内容をクリックすると回答が表示される

成果

1ヵ月で13時間の業務効率化に成功！

Ｑに掲載される質問と回答の数が増えていく）。

また、ルッカースタジオを導入したことで、**「パート社員の内勤業務の効率化」も進んでいます**。

パート社員にヒヤリングをして、

「1日のうち、何の仕事を何分間（何時間）しているのか」

「この仕事を終えるのに、何分かかるか」

「誰が、何分間、この仕事に携わっているのか」

をデータ化。このデータを分析した結果、「時間がかかる仕事ほど、生産性が低い」ことが明らかになっています。

作業の所要時間がわかれば、「時間がかかる作業の見直し」「パート社員の適材適所」などが可能です。

理由②「新しい事実」がわかる

ルッカースタジオは、「データ同士の関連性を見出す」ことが得意なので、

「新しい事実」

「意外な相関関係」

が明らかになります。

【意外な関連性】……「ラスベガス」と「社員の職位」

わが社は毎年、社長賞、優秀社員賞、新人賞を受賞した社員と、S評価の課長を対象に、「ラスベガス研修」を実施しています（コロナ禍は除く）。

ルッカースタジオを使って、「ラスベガス研修の参加回数」と、「社員の役職」の関連性を分析した結果、新たな事実が判明しました。

・部長になった社員は、最初にラスベガス研修に参加してから、「10年以内に2回目のラスベガス研修」を経験している。
・「最初にラスベガス研修に参加してから、10年以内に2回目を経験していない社員」は、ひとりの例外なく、部長になっていない。

この分析結果から、

「10年以内にラスベガス研修に2回以上参加させたほうが、社員は成長する」ことがわかりました。そこで現在は、**「2回目を経験していない社員」を優先してラスベガスに行かせる**方針に変更した。

【意外な関連性】「カラーコピー」と「カラー印刷」

私が「社内では、コピー機をできるだけ使わないように!」と指示を出しているのは、ルッカースタジオの分析結果から「コピー機を使ってカラーコピーを取る」より、「パソコンやタブレット内のデータをプリントアウトする(印刷する)」ほうが

「年間のコストがかからない」

「時間の短縮になる」

ことが判明したからです。

・カラーコピー……1枚10円
・プリンターで印刷……1枚5円

コピー機でカラーコピーを取らず、プリンターで印刷するようにすると、**年間で「約1000万円の経費削減」**に貢献することが判明しました。

理由③ 数値がリアルタイムで可視化される

ルッカースタジオは、集計データをリアルタイムで「可視化」し、関係者と共有できるツールです。

ルッカースタジオを使えば、お客様別売上を一覧にできます（対前年の数字や商品別の数字）。しかも**データは、「15分ごと」の更新**です。

これまでは、月ごとにデータを締めて、「今月はどうだったか」と過去の数字を検討していました。ですが現在は、**「マーケットの状況」をほぼリアルタイムに把握できる**ため、すばやく対策を取ることができます。「来年は、このお客様から、これだけの契約が入る」と、**「未来の数字」を可視化することも可能**です。

いろいろなデータをひとつのプラットホーム上で動かす

データドリブンの特長は、データ同士がつながること

データドリブンとは何か。その概念を理解するキーワードは、

「つなげる」
「まとめる」

です。

データドリブンの世界では、異なるデータ同士をつなげたり、まとめたりすることができます。

「データ同士をつなげる、まとめる」とはどういうことか。「東京駅」にたとえて考えるとわかりやすい。

東京駅は、新幹線ホーム、JRホーム、バス・タクシー乗り場、地下鉄ホームなど、いくつかの階層にわかれています。

東京駅が次のように「5階層」になっていたとします。

- 地上3階……新幹線ホーム
- 地上2階……JRホーム
- 地上1階……バス・タクシー乗り場
- 地下1階……地下鉄ホーム
- 地下2階……JR地下ホーム

一番上の階が新幹線のプラットホームで、一番下の階がJRの地下プラットホームです。

新幹線で東京駅に到着し、その後、JR地下ホームで在来線に乗り換えたいときは、5階分、下りなければなりません。時間も体力も費やします。

ですが仮に、新幹線のプラットホームに、在来線も、地下鉄も、バスも、タクシーも連なっていたら（あるいは、同じ階にすべてのプラットホームがまとまっていたら）、移動がラクになります。

プラットホームとは、「鉄道の乗降場所」の意味であり、ITでは、「システムを動かすための土台となる環境」のことです。

私は、データドリブンの概念も、「鉄道の乗降場所」と同じだと考えています。

会社には、さまざまなデータが存在します。

データA、データB、データC、データD、データEを別々の場所、別々の階層に置いておくと、使い勝手が悪い。データ同士の関連性もわからない。

ですが、**同じプラットホーム上に置いておけば、それぞれのデータを単独で活用することも、データ同士を掛け合わせて、関連性を見つけ出すことも可能**です。

「いろいろなデータをひとつのプラットホーム上で動かす」のが、データドリブンの基本的な考え方であり、データをつなげる（まとめる）ための置き場所が、「Googleルッカースタジオ」です。

プラットホームがひとつに集まった「データドリブン」

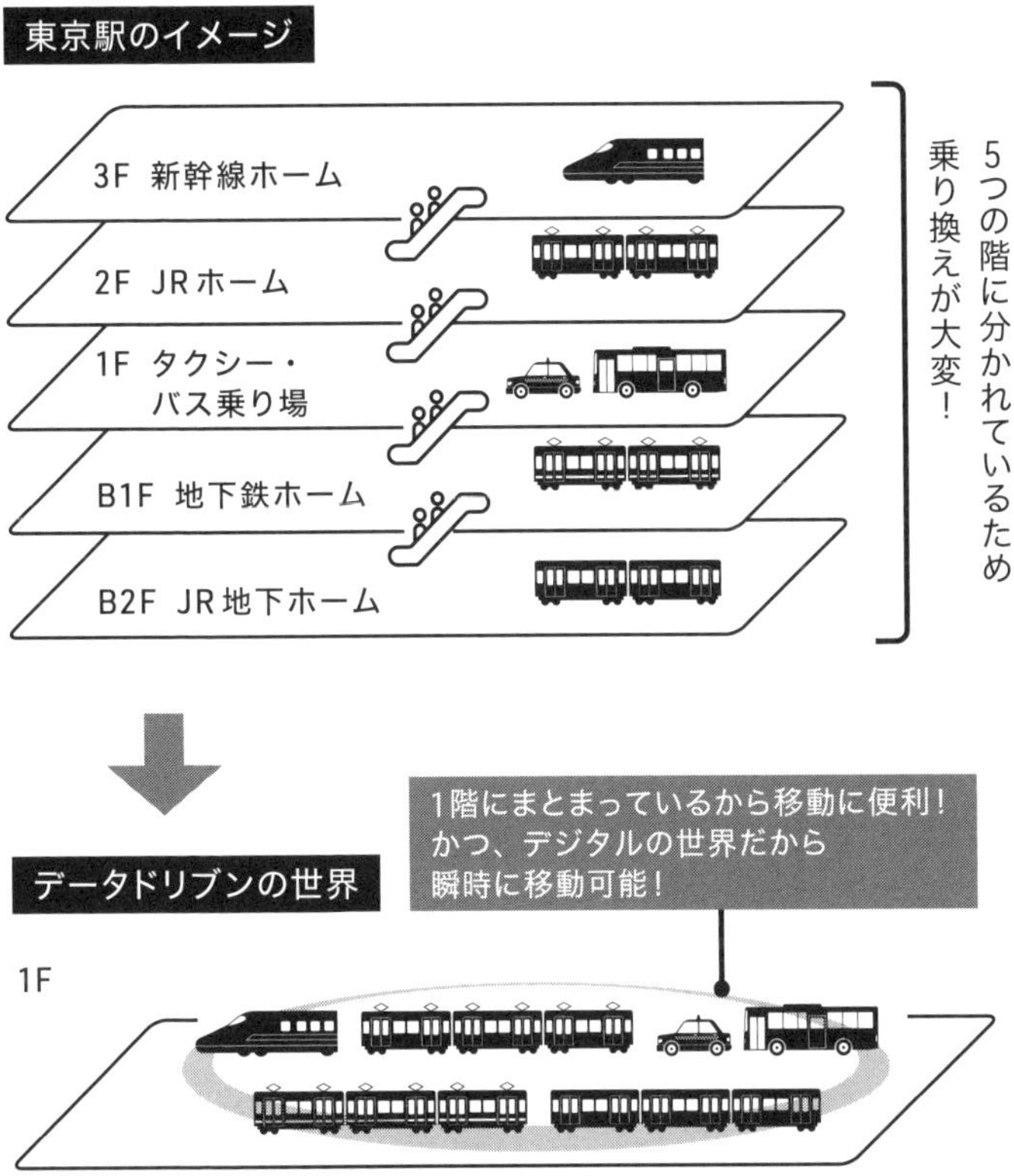

Point

すべてが同じ階にあるため利便性が高い。

➡いくつものデータをつなげられるため
今までわからなかった客観的事実が明確になる

生産性を上げるには、「定量データ」と「定性データ」の両方を分析する

小山昇の競馬的中率が、社員よりもダントツで高い理由

データには、「定量データ」と「定性データ」の2種類あります。

定量データとは、数値化できるデータ。定性データとは、数値化が難しい質的なデータです。会社の生産性を上げるには、定量データと定性データの両方を分析する必要があります。

定量データ

数値化できるデータ。売上額、顧客数、価格、変化率など。数字は客観的事実で、社員が共通の認識を得ることができる。

定性データ

数値化しにくいデータ。性質を解釈するための情報。定性データの分析には、人の主観が入りやすい。文章、音声、映像なども定性データ。

有馬記念は、馬連で第67回まで連続4回的中している

私は競馬が大好きで、2019年『ラジオNIKKEI《ニッケイ》』の競馬実況中継（第64回有馬記念）にゲスト出演したこともあります。

社員の中にも競馬好きはたくさんいますが、私よりも的中率（勝率）は低い。

社員の多くは、「この馬は、この距離をこれくらいのタイムで走る力があるから、勝つに違いない」「この馬は過去に5勝もしているから、実力があるに違いない」「自分はこの馬が好きだから、応援する」と、勘や好き嫌い、根拠のない競馬哲学、あるいは定量データだけで予想する。だから当たらない。

一方、生中継に呼ばれるほど私の的中率が高いのは、定量データと定性データを両方組み合わせて予想するからです。

・定量データ

コース別・距離別のベストタイム、コース別・距離別の着回数、過去のレース実績、各種コース条件別の着回数、今回のレース前調教タイム、調教回数など。

・定性データ

調教師やリーディング（騎手の順位）上位騎手のコメントなど。

競馬新聞の「予想」を反対から読むと「う・そ・よ（嘘よ）」。私は、予想や情報のすべてを鵜呑みにすることはなく、「ここは参考にするが、ここは参考にしない」と情報の取捨選択をしています。

定量データでは、「馬体重は参考にしない」など、検討しない項目を決めています。「体重が数百グラム増減しても、さほど影響はない」からです。

定性データも選択しています。

私は厩務員《きゅうむいん》のコメントより調教師のコメントを重視しています。世話をしている馬の数が調教師のほうが多いため、調教師は相対的に（他の馬との比較を交えながら）馬のコンディションの違いを理解しているからです。

データを分析したら、「解約」の理由が判明

経営も競馬と同じで、定量データと定性データを組み合わせて分析します。

ダスキン事業部のルート部門では、ルッカースタジオを使って「解約分析」を行っています。解約数、解約率といった定量データと、

「どのようなお客様が解約をしたか」

「どのような接客、提案、サービスをすると解約を防げるか」

「一度解約したお客様に再契約していただくには、どのような活動が必要か」

「担当者（社員）ごとの解約理由はどうなっているか」

といった定性データを組み合わせて、改善策を考えています。

その結果、

「モップの単体利用のお客様は解約が多い」

「モップだけではなく、複数提案をしたほうが解約件数は減る」

「解約理由としてもっとも多いのが『使用しない』である」

「使っていただくためにも、使い方のチラシを配布する」

など、「解約を防ぐ」あるいは「再契約を結ぶ」ための具体的アクションを導き出すことが可能になりました。


わが社は、お客様訪問の情報もデータ化しています。滞在時間などの定量データの

ルッカースタジオ「解約分析」で解約防止、再契約を促進

月別、担当者別の解約数・理由を可視化

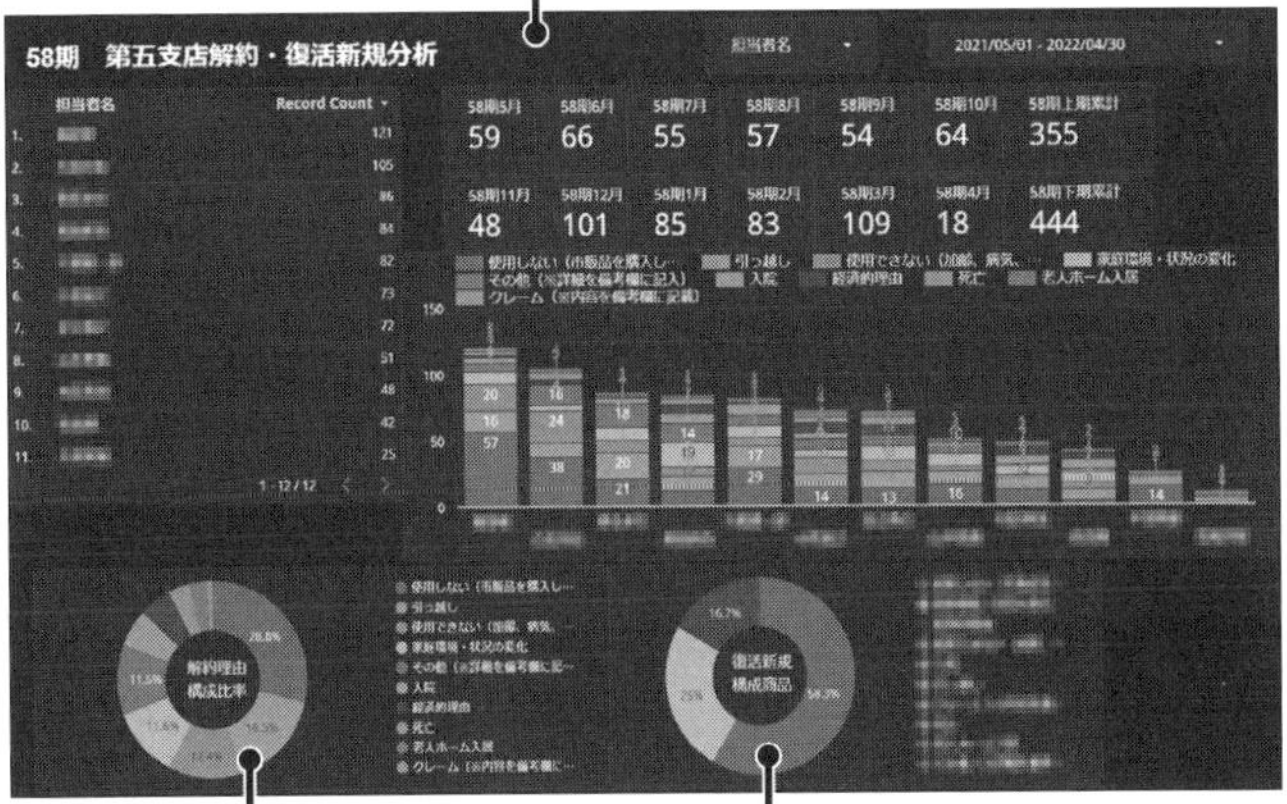

解約の理由がわかるため、予防策をとれるほか、
再契約がとれやすい商品もわかり、具体的な
アクションがわかる

成果

複数契約のコミッション額を
多くすることで複数契約が増加！

ほか、「訪問時にお客様が何を話していたのか」といった定性データまで記録しておけば、データ分析や社内の情報共有も簡単です（滞在時間の長さより、接触回数が多いと売上が上がることもデータからわかっています）。お客様ごとに管理しているので、担当者が変わっても情報を引き継ぐことが可能です。

営業マンの成績が上がらないのは営業スキルが低いからではなく、訪問をしていないからです。しかし、これまでは訪問したかどうかがわかるしくみがなかった。

今はお客様訪問終了後に、訪問先の写真を撮ってGoogleフォームで送るようにしています。写真には位置情報と時間情報があり、それをルッカースタジオにかけるとお客様を訪問したかが確実にわかります。このしくみによってクリーン・リフレ事業部の営業は2022年10月に100万円の新規契約を達成した。

データをもとに仮説を立て、結果を検証する

競馬は私にとって、ただの娯楽ではありません、脳を活性化させる頭のトレーニングでもあります。

データを集めて分析し、「こういう理由で、この馬が勝つ」と予想を立てる。馬券を購入し、結果を待つ。

予想が当たれば、「自分のデータ分析のしかたは正しい」ことがわかる。当たらなければ、「分析のしかた、予想のしかたが間違っている」ことがわかる。当たっても当たらなくても、「なぜ、当たったのか」「なぜ、当たらなかったのか」を検証し、「こうすれば当たる、こうすれば当たらない」というデータを「振り返りシート」に蓄積していく。だから勝率が上がります。

経営の勝敗を決めるのも、「データ分析による仮説と検証」です。

私の場合は、データの分析結果をもとに、

「お客様はどうしたら喜ぶのか」

「ライバル会社の動向はどうか」

を繰り返し検証しています。

「商品Aの需要が商品Bよりも大きくなりそうだ」と仮説を立てたら、Aを重点的に売ってみる。

「商品Aがどれだけ増減したか」を数字で検証し、増えていれば、Aをさらに売り伸ばす。

商品Bのほうが増えていれば（商品Aが売れていなければ）、「どうして商品Aは売れなかったのか」を検証すると同時に、「商品B」にシフトする。

データをもとに仮説を立て、「どうして」「どうすれば」と検証しながら、改善を続けることが重要です。

COLUMN

武蔵野のデジタル化の変遷

時代の変化をいち早く読み、積極的にデジタル化を進める

ライバルに先駆けて、表計算ソフトの導入に挑戦

私は、1980年代前半から、

「今、アナログでやっていることをデジタル化すれば、作業効率が上がる」

「パソコンやソフトを導入すれば、仕事のスピードが速くなる」

と考えていました。


現在まで、さまざまなシステムを導入、バージョンアップ、変更を行いながら、デ

ジタル化を進めています。

武蔵野のデジタル化のおもな変遷は次のとおりです（代表的なトピックのみ紹介）。

1980年代の取り組み

◎1981年……「マルチプラン」／「ロータスワン・ツー・スリー」を導入

マルチプランは、「マイクロソフト エクセル」の前身にあたる初期の表計算ソフトです。しかし、使いこなせずに挫折（笑）。

続いて、表計算機能、グラフ機能、データベース機能の3つを併せ持つ「ロータスワン・ツー・スリー」に挑戦しましたが、こちらも挫折。

◎1985年……「マイツール」を導入

マイツールはリコーの表計算ソフトです。今回は苦労しつつも、形になりました。

以前は、電卓と手書きで財務会計の数字を洗い出していましたが、マイツールを使えば「数字を入れるだけで自動的に計算する」ので、経営計画の策定の精度とスピードが上がりました。

経営サポートパートナー会員の多くが、今も「経営計画書」の長期事業構想書作成に使用する「社長の決定ソフト」は、マイツールで私が組んだ表計算のプログラムが原型になっています（社長の決定ソフトは、武蔵野独自のソフトです）。

◎1986年……パソコンによるスケジュール管理を導入

◎1988年……IBMの「AS/400」を導入

ホストコンピュータに、IBMの「AS／400」を導入しました。AS／400は、総務や経理など、企業の事務処理を行うオフィスコンピュータです。

日本初のインターネットセミナーに参加

1990年代に入ると、通信環境が激変します。

1991年にインターネットが登場し、通信革命が起こりました。NTTドコモの超小型携帯電話（第一世代の携帯電話）「ムーバ」が登場したのも、同年です。

それまでの電話は「有線の固定電話」でしたが、携帯電話の普及によって「電波でつながるもの」に変わりました。

1990年代の取り組み

◎1990年……ニューヨーク視察

当時、海外との通信はテレックスが中心でした。テレックスとは、ファックスの前身のようなものです。メッセージを打ち込んで送信ボタンを押すと、送り先のテレックス端末に印刷されるしくみです。

ところが、第一勧業銀行（現みずほ銀行）のニューヨーク支店では、いち早く「Eメール」を採用していました。

テレックスのように「送信する文章の長さによって通信料が変わる」「電話会社への事前申請が必要で、メッセージを送信するまでに1時間ほどかかる」ことはありません。「文章を入力して送信すれば、すぐに相手に文章が届く」という通信技術は、先進的で衝撃的でした。

「Eメール」は、「Electronic mail」（電子メール）の略です。ですが当時の日本では「Eメール」という言葉は馴染みがなく、私は帰国後しばらく、「Eメール」＝「いいメール」だと思い込んでいました（笑）。

◎1992年……マルチメディア研修を実施

私は、1992年からマルチメディア研修を実施しています。毎年海外に出向き、ITの導入事例を学ぶ研修です。

イギリスでICカードを、バルセロナ（スペイン）でインターネットバンキングのシステムを視察。ラゴール（フランス）にあるIBMの研究所では、世界初のデジタル映画を観たこともあります。日本人の中小企業経営者で、デジタル映画を観たのは、おそらく私が最初ではないでしょうか。

◎1993年……日本で最初のインターネットの勉強会に参加

経営アドバイザーであり「先読みのプロ」と呼ばれた高島陽先生から、慶應義塾大学の村井純教授のインターネットのセミナーに誘われた。90分のセミナーの中でインターネットに接続していたのは、わずか5分間です。

村井教授が「今、インターネットにつながりました!」と声を大にしたものの、私には、「画面が変わっただけ」にしか見えませんでした。

セミナー後「インターネットの勉強会を開きます。参加しますか?」と声をかけられた。支払った勉強会の参加費は「100万円」でした。

とりあえず受講したものの、カタカナ語ばかりでさっぱりわからない(笑)。

ただ、「時代を変えそうな雰囲気」はあったので、勉強会への参加は継続することにし、次の勉強会からは当時の常務に勉強させました。

◎1994年……ドメインを取得/ボイスメール導入

ドメインとは、簡単に言えば「インターネット上の住所」のようなものです。

本業のドメイン／「musashino.co.jp」
インターネット事業をはじめるためのドメイン／「mmm.ne.jp」
※2019年に事業譲渡するまで、武蔵野は、開店休業状態のネットワーク事業者でもありました。

当時、多くの中小企業は、インターネットを「商品やサービスを販売する」ために活用していました。

ですが私は、「売ること以上に、バックヤード（お客様から見えないところ）の効率化に役立てよう」と考えていました。

バックヤードはできるだけシステム化して、時間を節約する。バックヤードを簡素化、共有化すれば実務に費やす時間が減り、その分、お客様の新規開拓などに時間を割くことができます。

節約してできた時間とコストを、お客様への営業や社員教育など、「人と接するところ」に使う。

お客様から見えないところはデジタルで効率を求め、お客様と接するところはアナログで手間をかける。これが当時から変わらない武蔵野のデジタル戦略です。

ボイスメールとは、音声データをメールに乗せて送信するサービスのことです。文字ではなく「生の声」でメッセージのやりとりができます。

ボイスメールは非同時であり、リアルタイムではなくタイムラグを利用できるため、隙間時間でも、中身のある仕事が可能です（歩きながら内容を確認し、返信できる）。

◎1999年……オランダ視察

1999年7月、オランダの「インターネットソサエティー」にて、私は「タブレット端末」をはじめて目にしました。

「電子新聞や電子ブックを利用すれば、印刷代のコストダウンが可能」との説明でしたが、私にはピンとこなかった。

新聞や本が読めたり、映画が観れたりするからといって、それだけではバックヤードの効率化にはつながらないと感じていたからです。

帰国後、私は公式ホームページ内で、次のような感想を残しています。

＜小山昇の公式ホームページ「第3回ヨーロッパ・マルチメディア研修　4日目」より一部抜粋＞

オランダの「インターネットソサエティー」訪問

◎通信の速度のスピード化

スピード化が可能にするものはダウンロード

・電子新聞　持ち運びが可能（コンパクト）

・電子ブック

・映画

好きなときにいつでも映画でも新聞でも見ることができる

これによる経済的効果

（例）

新聞の場合

制作コストの80％が印刷コスト

80％がコストダウンできます

＊日本でもＭＰ３がＣＤレコード店の業態を変える

iPadを全社員に配布。「空中戦」でライバルを圧倒する

２０００年以降、武蔵野はインターネット化を推進。２０１０年以降は、さらにそのスピードを加速させています。

2000年以降の取り組み

◎2000年……iモード導入

基本料金の半額を会社が負担し、端末は個人所有にして私用を許可。すると、多く

1999年にオランダでタブレット端末に出会う

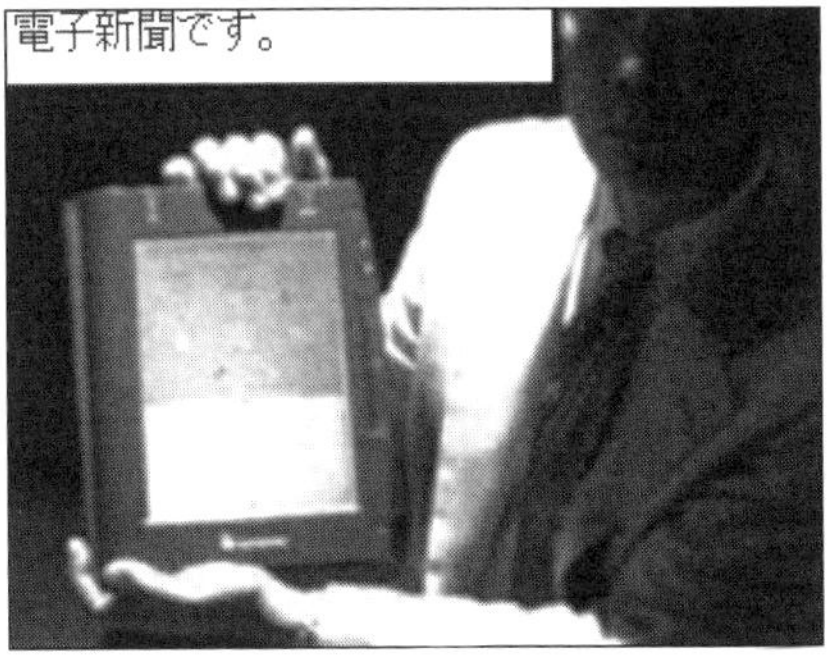

小山昇の公式ホームページ「第3回ヨーロッパ・マルチメディア研修4日目」（1999年7月29日）より

の社員がｉモードの使い方をすぐにマスターし、業務上の連絡もスムーズに行えるようになりました。

◎2007年……データネーチャー導入

わが社では、早くからエクセルのピボットテーブルを使って、社員全員が自らの手でデータを分析するしくみを進めていました。

これにより「データを活用して業務改善する」ことの土台はできたものの、「専門性が必要」「リスト作成に時間がかかる」「データ量が足りない」「共有や展開がしにくい」といった課題も浮き彫りに。

こうした課題を解決するために、「データネーチャー」を導入。「エクセルの分析手法はよくわからない」という社員などでも、自分で分析が可能になりました。

◎2012年……ｉＰａｄを配布

オランダのインターネットソサエティーではじめてタブレット端末を見たときは、

「まだ仕事には使えない」と考えていました。

ですが、インターネット環境が整備され、タブレット端末でもメールやチャットができるようになったことで、「これは使える」と確信。

2014年には当時の全社員177人に、翌年からパート、アルバイト、内定者も含めて全員にタブレット端末を支給しました。

2022年11月時点の総数は793台。しかも2年ごとに新機種に買い替えています（社員にはiPadだけでなく、iPhoneも支給。iPhoneは396台）。ツールの作業速度が上がれば、それだけ時間を生み出すことが可能です。

iPadを支給したことで、「竹やりで戦ってきた会社が、空中戦で敵を圧倒する会社」に変わりました。

わが社でノートパソコンの使用率が下がったのも、iPadを導入した結果です。営業活動など、社外で仕事をするときは、ノートパソコンを使うより、iPadのほうが携帯性、閲覧性にすぐれています。ノートパソコンを使うのは、おもに内勤の社員。営業担当者やマーケティング担当者は、ｉＰａｄを主力ツールとしています。

＜竹やりから空中戦へ。ｉＰａｄ導入による業務スピードの改善例＞

・伝票処理

お客様への納品に関し、「モップを追加」「このスポンジは次回から不要」といった変更があった場合、お客様の目の前で「ｉＰａｄ上の伝票」を修正してルッカースタジオで管理。ｉＰａｄは本社の基幹システムとつながっているので、各種マスターデータの変更・修正もその場で完了する。

・精算業務

納品伝票を使わずに、ｉＰａｄ上へデータを打ち込むだけで精算ができるため、営業所や本社に戻ってからあらためて入力する必要はない。

・棚卸し

営業担当者がｉＰａｄに入力したデータは、月末の棚卸しと連動。ｉＰａｄを使う前は、棚卸しに3時間以上かかり、現在はデータの確認だけ。「30秒」で終了する。

・**電子決済**

残業申請、経費精算、消耗品購入申請、出張費精算、休暇申請といった各種決済をデジタル化。「スピード決済」という独自のアプリを使用し、遠隔地からの決済を可能にした。１年間に４万３０００件の申請で何人もの人を通過する稟議書の50％は１日で承認される。

・**スケジュール管理**

個人のスケジュールを共有し、組織として連携を図る。

・**販促活動**

ｉＰａｄ上で、商品の使い方を紹介した動画やキャンペーンチラシをルッカースタジオで共有しており、見ていただくことができる。

ｉＰａｄを全従業員に配布しなくても、スマホにチャットワークなどのアプリをダウンロードして情報を共有するだけで、仕事は効率的になります。

一斉に情報を配信すれば「言った、言わない」「聞いた、聞いていない」の水かけ論がなくなり、足並みが揃います。

◎2019年……「Googleルッカースタジオ」を導入／DX事業部を開始

ルッカースタジオを導入し、人事、サプライチェーン、マーケティング、ファイナンスといった各部門において「データ主導型」の経営に舵を切りました。

開店休業状態だったインターネット事業部を譲渡し、ＤＸ事業部を開始したのも、同年です。

ＤＸ事業部では、社内向けに「ルッカースタジオ大会」を開催し、新入社員でもルッカースタジオを活用できる環境を整えています。

◎2019年……深《シン》セン視察

中国の深センは、「アジアのシリコンバレー」と呼ばれ、世界中から注目されているスマートシティ（デジタル技術を使って都市や生活のインフラを最適化する都市のこと）です。

世界で10億人以上が使っていると言われるメッセージアプリ「WeChat」を開発したテンセント社の本社を見学したほか、5G（第5世代移動通信システムのこと。高速大容量、高信頼・低遅延、多数同時接続を実現する次世代の通信規格）が行き渡った深センで実現している顔認証やキャッシュレス決済、完全自動・無人化によるサービスがどのようなものか、実際に体験しました。

最先端のデジタル化の現実・現場・現物に触れることで、時代の変化をいち早く知り、対応していくことができる。コロナ禍で中断しているが、定点観測をしていく予定です。

おもなＩＴ関連の受賞歴

・１９９９年……電子メッセージング協会会長賞
・２００１年……経済産業省・大臣表彰
・２００４年……ＩＴ経営百選・最優秀賞
・２０１７年……ＭＣＰＣアワード奨励賞
・２０１８年……公益社団法人企業情報化協会・平成29年度（第35回）ＩＴ賞

第2章

データを可視化して生産性を高め、利益を上げる

これまで以上にラクをして、これまで以上の結果を出す

生産性を上げるには、データ活用が不可欠

「生産性」とは、「生産過程に投入される生産要素が生産物の産出に貢献する程度」（小学館『デジタル大辞泉』）と定義されています。

「材料、設備、スタッフ、労働時間をどれだけ投入すれば、どれだけの成果が得られるか」の指標が「生産性」です。

社員ひとりが、「10個の商品をつくるのに、1時間かかる」とします。

業務を効率化させて、

「1時間仕事をすると、『11個以上』の商品がつくれる」

あるいは、

「10個の商品をつくるのに、1時間かからない」

ようになった場合に、

「生産性が上がった」

と表現します。生産性が上がれば、

「少ない労働時間で、同じ個数をつくれる」

「同じ労働時間で、たくさんの商品をつくれる」

わけです。


生産性を上げるには、次のどちらか（もしくは両方）を実現する必要があります。

①同じ労働時間で、多くの付加価値を生み出す（1時間で11個以上）

②少ない労働時間で、同じ付加価値を生み出す（1時間未満で10個）

ようするに、「生産性を上げる」とは、

「これまで以上にラクをして、これまで以上の結果を出す」

「労働時間は減らすけれど、業績は下げない（あるいは、上げる）」

ことです。

私は、「残業を減らし、休日を増やし、有給休暇を消化させ、それでも増収増益を実現する」（＝生産性を上げる）ために社内のデータを活用し、業務効率化を進めています。

中小企業の残業削減への取り組みは急務ですが、社内のＩＴ化、デジタル化、データ化を進めずに労働時間だけを短縮すると、利益は上がるどころか、下がってしまいます。

このとき社内のデータを集め、分析し、分析結果を「現場に落とし込んで、業務改善する」ことで、生産性は向上します。

残業を減らし、休日を増やし、有給休暇を消化させ、それでも増収増益を実現する

武蔵野が「残業時間削減」に本格的に取り組んだのは、2014年からです。

2013年まで、武蔵野の月平均の残業時間は、「76時間」を超えていました。月100時間近く残業する社員が6人いて、

「ブラック中のブラック企業」
「超・超・超ブラック」
「一歩先も見えない漆黒のブラック」
「ザ・ブラック」

などと揶揄《やゆ》されたこともあります（笑）。

1993年、新卒採用を始めたが、毎年1年間で50％が退職をしていました。「残業時間削減」に取り組み出すと、退職者がどんどん減り出し、**2020年は29人が入社、退社3名、2021年は23人入社、退社はゼロ**です。

残業をなくして生産性を向上させるため、2015年度の経営計画発表会で私は、「売上が下がっても、今期は残業時間を月45時間以内にする」と宣言しました。

以降、「早帰り」の施策を積極的に導入し、現在（2022年12月）は、**「月平均9・84時間」**にまで減っています。

経営計画書に「残業時間の上限（月間）」を明記し、全社をあげて「残業時間の削減」「早帰り」に取り組んでいます。

【残業時間の上限（月間）】

・「入社5年以上の社員」……30時間以内

・「入社5年未満の社員」……45時間以内

労働基準法により、一般的な残業時間の上限は、原則として月45時間・年360時間です。武蔵野の「上限」は、労働基準法を違反しない範囲内に設定しています。

「入社5年未満の社員」と「5年以上の社員」に残業時間の差を設けているのは、

「若いうちは、仕事の量をこなしたほうが成長する」

「経験を積むため、若手社員は（残業の上限を超えない範囲で）ベテラン社員よりも長時間働いてもいい」

が私の考えです。

成績の良い社員ほど、残業時間が少ない理由

わが社のルッカースタジオの先駆けは、「タイムカードの可視化」

2014年当時、私は、「労働時間が減れば、当然、売上は下がる」「労働時間と生産性は比例する」「たくさん働かないと売上は上がらない」と考えていました。

ところが、私の認識は間違っていた。

「早帰り」を進めた結果、意外にも、**「労働時間は減ったのに、売上は上がった」**のです。

わが社がルッカースタジオを導入したのは、2019年2月のことです。最初に取り組んだのは、タイムカードの有効活用でした。

ITに詳しい久木野厚則（現在、全社システム本部事業本部長）が「Google」に学び、2019年4月、「タイムカード（残業時間）」を可視化しました。

全従業員のタイムカードデータをルッカースタジオ「残業一覧」で管理、グラフ化。**ランキング形式で表示しているので、「誰が一番残業をしているか」がひと目でわかります（社員にも公開）。**

ルッカースタジオを使えば、異なるデータ同士をつなげ、関連性を見つけることができます。

そこで、「ダスキン事業部の個人別営業成績」と「個人の残業時間」の相関関係を分析した結果、次のことが判明しました。

「成績が悪いセールスパーソンほど、残業時間が多い」「成績の良いセールスパーソンほど、残業時間が少ない」

ようするに「長く働くほど、成果が出る」という説には根拠がなかったわけです。

中小企業の社長の多くは、「社員を長時間働かせたほうが、利益は上がる」と考えています。

同じように社員も、「長時間働けば、残業代がもらえるから年収が上がる」と考えています。

しかし、労働時間と利益（あるいは年収）は、比例関係にあるわけではありません。長く働くから利益が出るわけでも、年収が上がるわけでもない。

実際、武蔵野は、毎年残業時間が減っているのに、増収増益を続けています。

「残業が多い人」「残業が少ない人」の共通点

なぜ、成績の良いセールスパーソンほど残業時間が少ないのか。その理由も、明らかになっています。

理由はおもに、2つあります。

理由① 「もっといいやり方はないか」を常に考えている

労働時間を減らしながら成績を上げるには、

「今までと同じ仕事のやり方」

「今までと同じ時間の使い方」

では無理です。

1日12時間のセールスで「10個」の商品を売っていた社員が、「1日8時間で10個」売るには、時間の使い方や仕事の進め方を変えるしかない。

です。

「12時間で10個売る」のセールスのやり方では、「8時間で10個売る」ことは不可能

成績の良いセールスパーソンは、「今のやり方」を疑い、PDCAサイクル（仮説

↓実行↓検証↓改善のサイクル）を回しながら、

「ほかにもっといい方法はないか」

「1時間に3つしかできなかった仕事を4つに増やすにはどうしたらいいか」

を考え、実践しています。

「今が正しい」と思っているかぎり、結果を変えることはできません。

理由②　仕事の濃度、密度を濃くしている

わが社の場合、残業時間が多いのは、「仕事熱心」だからではありません。残業を

するのは、「勤務時間中に手を抜いている」からです。

◎成績の悪い社員

・勤務時間中は、ダラダラしている。

⬅

・全力を出し切っていないので、疲れない。全力を出していないから、当然、結果も出ない。

⬅

・疲れていないから、残業ができる（会社に残れば、それだけで残業手当がもらえると甘く考えている）。残業手当はもらえるが、「成績が悪い」ため、賞与は低額になる。昇進・昇格も望めない。

一方、「成績の良い社員」は、「時間内に仕事を終わらせる」ことに注力しているので、時間の無駄がありません。ダラダラすることもなく、集中力が高い。

◎成績の良い社員

・勤務時間中は、常に全力。隙間時間も活用する。
⬅
・体も頭もフル回転させているので、終業時刻にはヘロヘロになる。
⬅
・残業する余力はないため、早々と帰宅する。
⬅
・残業手当は少ないが、勤務時間内で成果を上げているため評価が上がり、賞与が増える。

成績の悪い社員は「ダラダラ」で、成績の良い社員は「ヘロヘロ」です。
残業が多いのは、勤務時間中に全力を出していない証拠。残業が少ないのは、常に全力で仕事をしている証拠です。

スポーツにたとえてみると、わかりやすいと思います。

ルッカースタジオ「残業一覧」で個人の残業時間を可視化し、削減につなげる

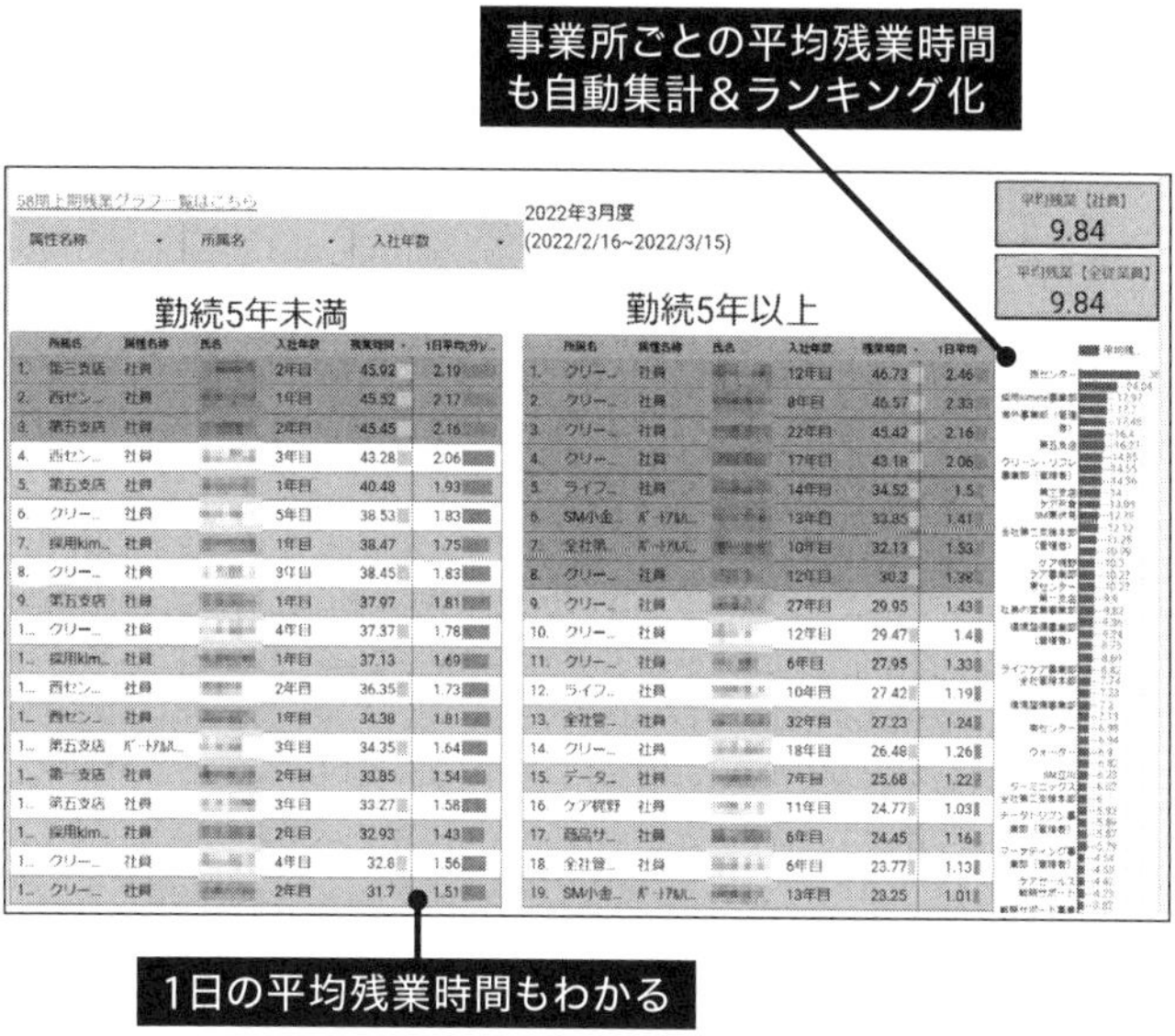

成果

月平均の残業時間が76時間超から9.84時間に激減！
しかも売上は上昇！

労働時間と営業成績をつなげたルッカースタジオで生産性を可視化

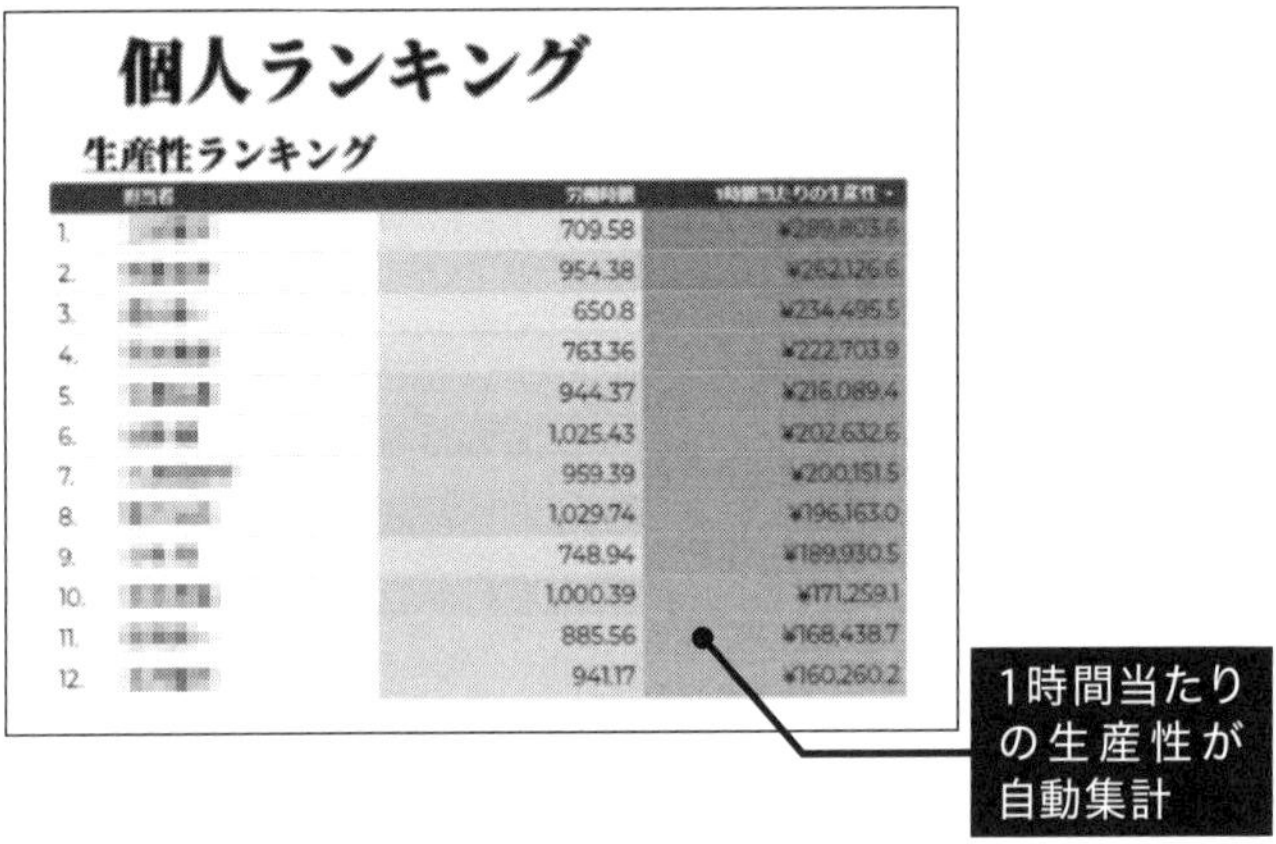

個人ランキング

担当者	労働時間	1時間当たりの生産性
1.	709.58	¥289,803.6
2.	954.38	¥262,126.6
3.	650.8	¥234,495.5
4.	763.36	¥222,703.9
5.	944.37	¥216,089.4
6.	1,025.43	¥202,632.6
7.	959.39	¥200,151.5
8.	1,029.74	¥196,163.0
9.	748.94	¥189,930.5
10.	1,000.39	¥171,259.1
11.	885.56	¥168,438.7
12.	941.17	¥160,260.2

1時間当たりの生産性が自動集計

「76時間、ダラダラと無駄な練習ばかりして、選手全員に疲労が蓄積しているチーム」と、「10時間しか練習をしていないが、密度が濃く、データにもとづいた科学的なトレーニングをしているチーム」では、どちらが強いと思いますか？

後者の圧勝です。

武蔵野は、**「76時間のダラダラチーム」から、「10時間の凝縮チーム」へと生まれ変わりました。無駄な時間が減ったことで、生産性が上がった。**

武蔵野には「ダラダラ社員を撲滅するしくみ」がある

残業が減らないのは、社員以上に「社長」が甘いから

会社の残業が減らないのは、「社員がダラダラしているから」です。「ダラダラ仕事をしながら残業代をもらおう」と甘い考えをしているからです。

ですが、赤字の会社には、社員以上に「甘い考えの持ち主」がいます。社長自身です。

残業が減らないのは、社長が「うちは人手不足だから、残業はなくならない」「赤字の会社が労働時間を減らしたら、倒産してしまう」「うちの業態だと、時間外労働はしかたがない」と決めつけています。その甘い考えが、ダラダラ社員を生み出しています。

会社は、社長の決定で決まります。

「残業を減らしながら、業績を上げたい」と、強い覚悟を持って業務改善に踏み込むべきです。

残業時間の減少を人事評価に連動させる

社員の多くは、

「ラクをしながら、たくさん給料がほしい」

と考えています（笑）。

ですから、基本的に残業はしたくない。

けれど、残業がゼロになれば、残業手当もゼロになる。「残業時間の減少＝可処分所得の減少」です。可処分所得とは、収入のうち、税金や社会保険料などを除いた「手取り収入」のことです。

毎日一定の残業をしたほうが「手取り」は増えます。残業代を生活給として見込んでいる社員にとって、「過労死するほど残業したくはないけど、給与が減るのはカンベンしてほしい。そこそこの残業はむしろウエルカム」が本音です。わが社には、「忙しいフリをして、疲れているフリをして、頑張っているフリをして会社に残る」のが得意な社員が大勢いる（笑）。

そこで私は、

「ダラダラ社員を撲滅する！」

と強い覚悟を決め、

「残業時間が減っても可処分所得は減らないしくみ」

「残業時間が減って業績が下がらなければ、可処分所得が増えるしくみ」を考えました。

私は、残業時間の減少を人事評価に連動させ、「前年同月より自部署の総残業時間が減っていて、それでも業績が下がらない」場合は、賞与を増やしています。

増えた利益を内部留保せず、社員に還元する

生産性が上がると、会社の利益が増えます。会社の利益が増えると、社員の給与（基本給だけではなく、会社から支払われるすべてのお金のこと）を増やすことができます。

多くの社長は、「どうしたら、お金を払わずに働かせることができるか」「どうすれ

ば会社にお金を残すことができるか」を考えます。

しかし、私は違います。

「人件費を減らして、会社の利益を増やす」ことを目的にはしない。**結果を出した社員には、それにふさわしい報酬を出す。社員にたくさんお金を払うのは、「生産性の高い仕事をさせる」ため**です。

残業が減ると、人件費や光熱費などの経費が減り、利益が増えます。**増えた利益を会社にため込むのではなく、社員に還元する。**そして、**残業削減の取り組みの一環として賃金テーブルを改定する。**

そうすれば、残業は減っても可処分所得は減らないので、社員は、

「残業をせずに早く帰ろう」

「勤務時間内に仕事を終わらせよう」

「残業代をもらうより、賞与を増やしたほうがトクをする」

と思うようになり、生産性が上がります。

売上が下がらずに残業が減ったら、**社員賞与は「対前年120％増」、パート賞与は「対前年200％増」**です。

労働時間が短くなって賞与が増えると、1時間あたりの単価が高くなるため、社員もパートも残業をしなくなります。

分析ツールを駆使して、社員の特性を丸裸にする

「新卒採用」「人事異動」にもデータを活用する

これからの中小企業に必要なのは、営業戦略より「人材戦略」です。

人材戦略とは「社員ひとり当たりの生産性を上げる」ことと、**「人材の流出を防ぐ」**ことです。

データドリブン経営は、人材戦略を成功させるための要でもあります。

わが社は、**「新卒採用」や「人事異動」「離職防止」といった人材戦略にも分析ツールを活用**しています。

分析ツールを使って、社員（就活生）の特性、傾向、適性、得意不得意、問題点などを可視化・データ化することで、

- 相手の思考特性や行動特性に合わせたコミュニケーションができる
- 社員の能力に合わせた人材配置ができる
- 社員のメンタルヘルス（心の健康）を守ることができる

ようになります。

【武蔵野が導入しているおもな分析ツール】

- エナジャイザー………人と組織の活性化を図る適性検査
- エマジェネティックス®…人間の思考特性と行動特性を分析するツール
- マルコポーロ…………行動の土台である深層が自社に適合しているかを測る検査

・エナジャイザー

エナジャイザーを使うと、社員の業務能力、性格、業務適正、価値観など、目に見

エナジャイザーの分析結果を
ルッカースタジオで可視化して新卒採用に活用

エナジャイザーの結果と受診時の状況をかけあわせる

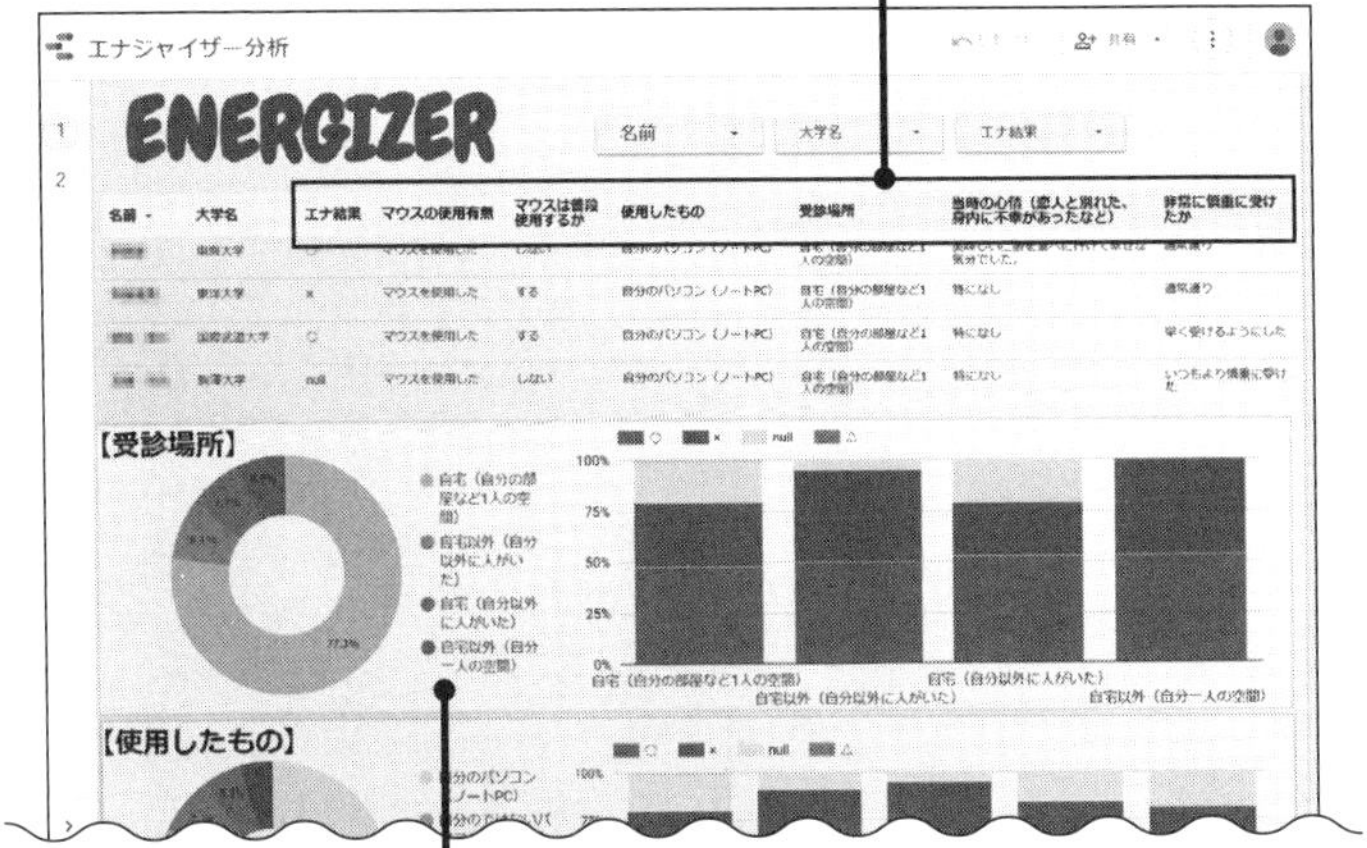

どのような状況だと正確なデータがとれやすいかわかる

成果

正しい受診方法を学生に伝えることで
正確なデータがとれて採用の精度が上がった！

えない特性を診断できます。

わが社は、エナジャイザーの診断結果を新卒選考の参考にしています。

採用Kimete《キメテ》事業部が作成したルッカースタジオにより、

「エナジャイザーを受診した学生のうち、約50％が不合格」

になっていることがわかりました。また、

「エナジャイザーを自宅以外の場所で受けると、不合格になる割合が約20％高くなる」

「人から借りたデスクトップパソコンで受診すると、不合格率が60％高くなる」

「カフェ、大学、漫画喫茶などで受診すると、不合格率が高くなる」

といった分析結果も明らかになっています（学生に正確なデータがとれる受診方法を伝えるように改善した）。

・**エマジェネティックス®**

エマジェネティックスは、人間の思考特性と行動特性を分析するツールです。

診断テスト（１００項目からなる質問の回答）の結果から、プロファイル（分析結果）を作成。その人の特性を「4つの思考特性」と「3つの行動特性」によって分析します。

エマジェネティックスのプロファイルを見ると、

・その人がどのような考え方をする傾向にあるか
・その人がどのような行動を取ることが多いか
・どのような学習方法を好むか
・新しい状況に対して、どのようにアプローチする可能性が高いか
・人からどう見られ、人にどう反応することが多いか
・何を得意とし、何を不得意としているのか

などが明らかになります。

プロファイルの違いは、「考え方」「伝え方」「仕事の進め方」などの違いとしてあらわれます。

プロファイルは115ページのように散布図にすることもできます。

これはプロファイルを数値化してグラフ上に置いたもので、自分は縦軸、横軸のど

こにいるか確認できるだけでなく、自分の位置から距離が離れているところにいる人ほど話が合いづらく、逆に近くに寄っている人ほど話が合いやすいこともわかる。コミュニケーションを円滑にするための判断材料として使用しています。

・マルコポーロ

マルコポーロは、個々の深層部を高い精度で測定するだけでなく、組織が求めている「人財要件（行動の土台である深層（内面））」を分析したうえで、双方の適合性、またBig5（基本的性格特性）・Business Big5（ビジネス的性格特性）など、人間を細部にわたって分析するツールです。

・回答結果の信憑性

非一貫性、虚偽性《きょぎせい》、極端性を計測し、プロファイルの信憑性《しんぴょうせい》が測れる。

・期待人財モデル

エマジェネティックスのプロファイル散布図で自分と特性の近い人・遠い人を可視化

距離が遠いと特性が似ないため
コミュニケーションに工夫が必要

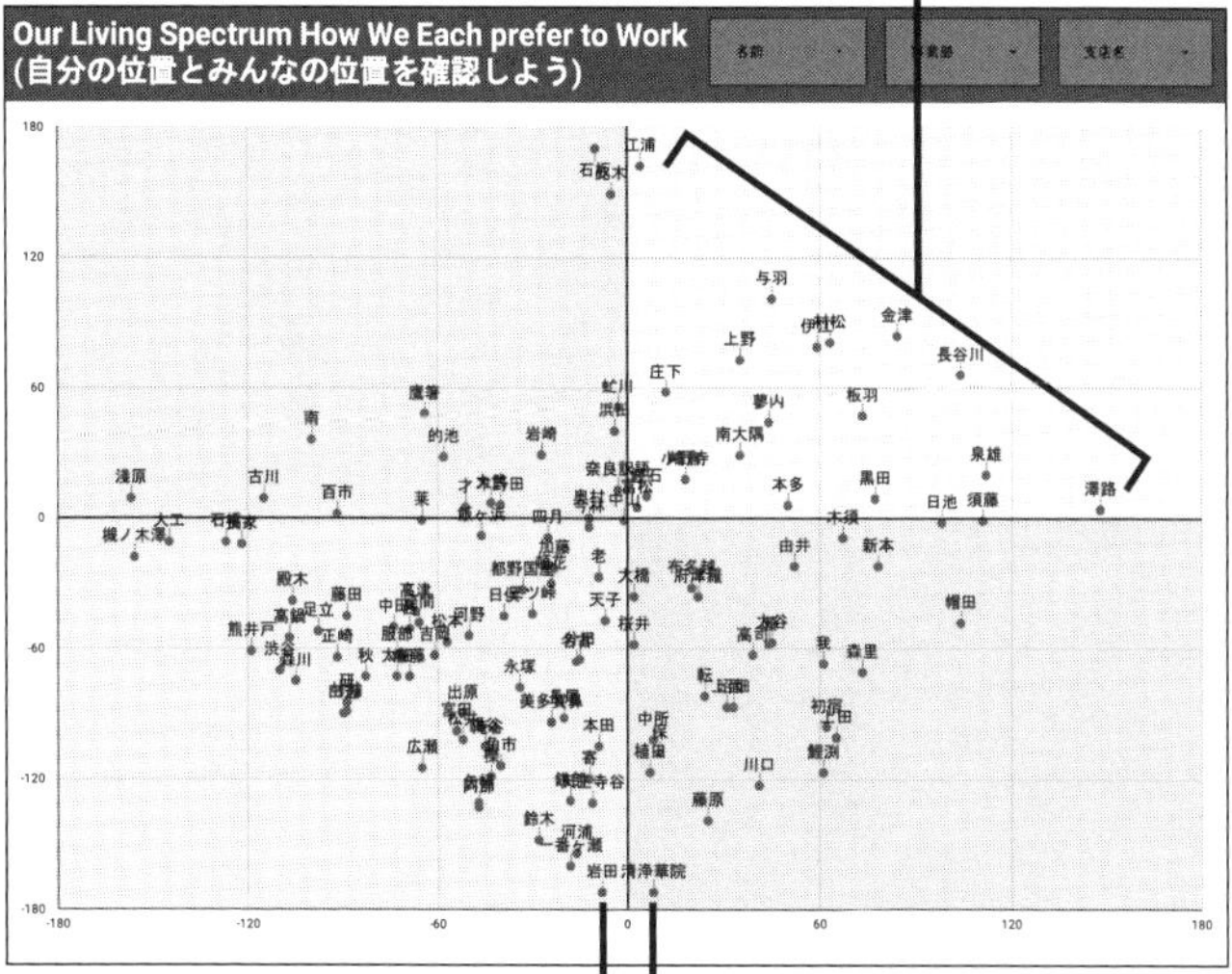

距離が近いと
特性が似てコミュニケーションがとりやすい

成果

相手の特性を意識してコミュニケーションがとれる！

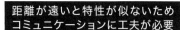

自社の求める人財要件を自由に設定、分析でき活躍可能性を高精度に測定できる。

・Big5基本的性格特性・Business Big5ビジネス的性格特性

本性に近い性格特性が測定できる。

マルコポーロは全社員と採用候補者全員に受診させています。

社員が今の仕事でどれだけ活躍の可能性があるかをチェックし、人事判断に活かしています。また本人に開示可能なプロファイルもあり、上司と部下が結果を見せ合ってお互いの性格を理解するコミュニケーションツールとしても活用しています。

採用候補者は回答結果の信憑性、人財要件の適合性、隠された性格をチェックし採用可否判断に活かしています。

【人材戦略にデータを活用するメリット】

・社員の得意を伸ばす組織づくり（人事異動）が可能になる

「あの人は論理的に物事を考えるので、データを分析する仕事を任せてみよう」

「あの人は、新しいことをやらせるよりも、同じ仕事を続けさせたほうが結果が出るので、ルーティンワークを任せてみよう」

「あの人は社交的なので、内勤ではなくセールスを任せてみよう」

といったように、社員の特性に合わせた人事異動や役割分担が明確になります。

人には得意・不得意があるので、一所懸命仕事をしているのに結果が残せないのは、その社員に能力がないからではなく、不得意な仕事をさせているからです。

仕事が合っていないときは、人事異動を行って仕事を変える。そうすれば結果を出せるようになります。

・相手に合わせたコミュニケーション（部下の指導）が可能になる

相手の特性がわかれば、相手に合わせたコミュニケーションが可能になります。

トランプも麻雀も、相手の手の内がわかっていれば、有利に戦いを進めることができます。人材のマネジメントも同じです。部下Ａの分析結果が、「人とコミュニケー

ションを取るのは得意だが、論理的に考えるのは苦手」ならば、理詰めで説明するよりも、

「どうやったら業績が上がると思うか」

「この決断についてどう思うか」

と、本人の意見を聞きながら指導をしたほうが、モチベーションを引き出すことができます。

・違う特性を持つもの同士が、協力し合う強い組織ができる

「社交的だけれど、分析が苦手な上司」には、「分析が得意な部下」をつけるなど、違う特性を持つ同士を組み合わせれば、補完し合うことができます。

また、「会社のＩＴ化を進めるために『論理的な分析が得意な人材』を採用する」「営業に力を入れるために『社交的かつ行動的な人材』を採用する」など、事業計画にふさわしい人材を採用することも可能です。

・社員のメンタルヘルスを守ることができる

分析ツールの結果から、「ゆとり世代」（1987年～2004年ごろまでに生まれ、ゆとり教育を受けた世代）以降の人材は「ストレス耐性が年々弱くなっている」ことがわかっています。ストレス耐性がプラス（＝ストレスに強い）と判定された学生は、ほとんどいません。

今の時代は、「ストレスに弱い人を採用して、少しずつストレス耐性を強くしていく」のが正しいマネジメントです。

・新卒採用の離職率が減る

分析結果を見ることで、「武蔵野の業務に合った能力を持つ人」「武蔵野の社員にふさわしい思考特性・行動特性を持った人」を見極めることができます。

わが社の離職率が低いのは、採用の段階から分析ツールを活用して、「武蔵野の考え方を理解している人」「他の社員と価値観を合わすことができる人」「辞めそうもない人材」を採用しているからです。

なぜ、上司と部下の飲み会の回数までデータ管理するのか？

武蔵野の飲み会は、会社の公式行事である

武蔵野は、「懇親会」（飲み会／ランチ会）を人材戦略の一貫として位置付け（コロナ禍は自粛）、実施状況や参加状況をデータで管理しています。

経営計画書に、

「飲み会では、仕事だけではなく、プライベートのことや悩みなども聞く。とくに、部下の金銭にかかわる相談事は、社長に報告する」

と、飲み会のポイントまで明記しています。

世間では、

「上司と部下の飲みニケーションはもう古い」

「飲みニケーションなんて、時間の無駄」

といった論調もあります。

「会社が飲み会を強要するのは、アルコールハラスメントだ」

「就業時間外まで社員を拘束するなんて、小山昇はパワハラ社長だ」

「仕事の一環として飲むのは楽しくない」

といった反論があるのも、承知しています。

もちろん、社員に無理やりお酒を飲ませたら、アルコールハラスメントです。

しかし武蔵野の社員は、お酒が大好き（お酒が弱くても、みんなで飲食をともにする時間が好き）で、飲食は人を緩《ゆる》ます。

「わが社には、定期的に飲み会がある」

「飲み会のやり方が決まっている」

「飲み会は、公式行事である」

ことを承知の上で入社しています。武蔵野ほど、社員同士がよく飲み、よく食べる会社は少ないのではないでしょうか。

「公式」というのは、事前にスケジュールを公開している飲み会のことです。「今日、飲みにでも行くか！」という突発的なものは含みません。

【公式行事の一例】

・部門の飲み会

パート・アルバイトを含め行う。懇親会報告書を経理に提出。未提出者には懇親会費用を支給しない。２回連続未提出者は、始末書を提出。

・部下とのサシ飲み

上司は毎月、部下とマンツーマンで飲みに行く。ただし、同一人物と２ヵ月連続は不可とする。部下がひとりの場合は、３ヵ月に一度とする。

サシ飲み費用は、決済申請後に会社が支給します。

これまでは、「上司が本当に部下とサシ飲みをしているのか」を確認する手立てがありませんでした。

現在は、ルッカースタジオを使って、サシ飲みの回数を稟議（決済申請）とひもづけて管理しています。

「稟議を上げてきた社員（サシ飲み費用を請求してきた社員）は、サシ飲みをしている」「稟議を上げてこない社員は、サシ飲みをしていない」ことがわかります。

・社長への質問会

社長と幹部の交流の場である。ランダムに、10人前後（部長・課長職）が参加。質問は仕事だけでなく、プライベートに関するものも多い。

・夢の共有

管理職は半期に1回、異動アンケート回答などを肴に社員とサシ飲みを行う。採用

懇親会の実施状況をルッカースタジオで可視化し、実施を促進

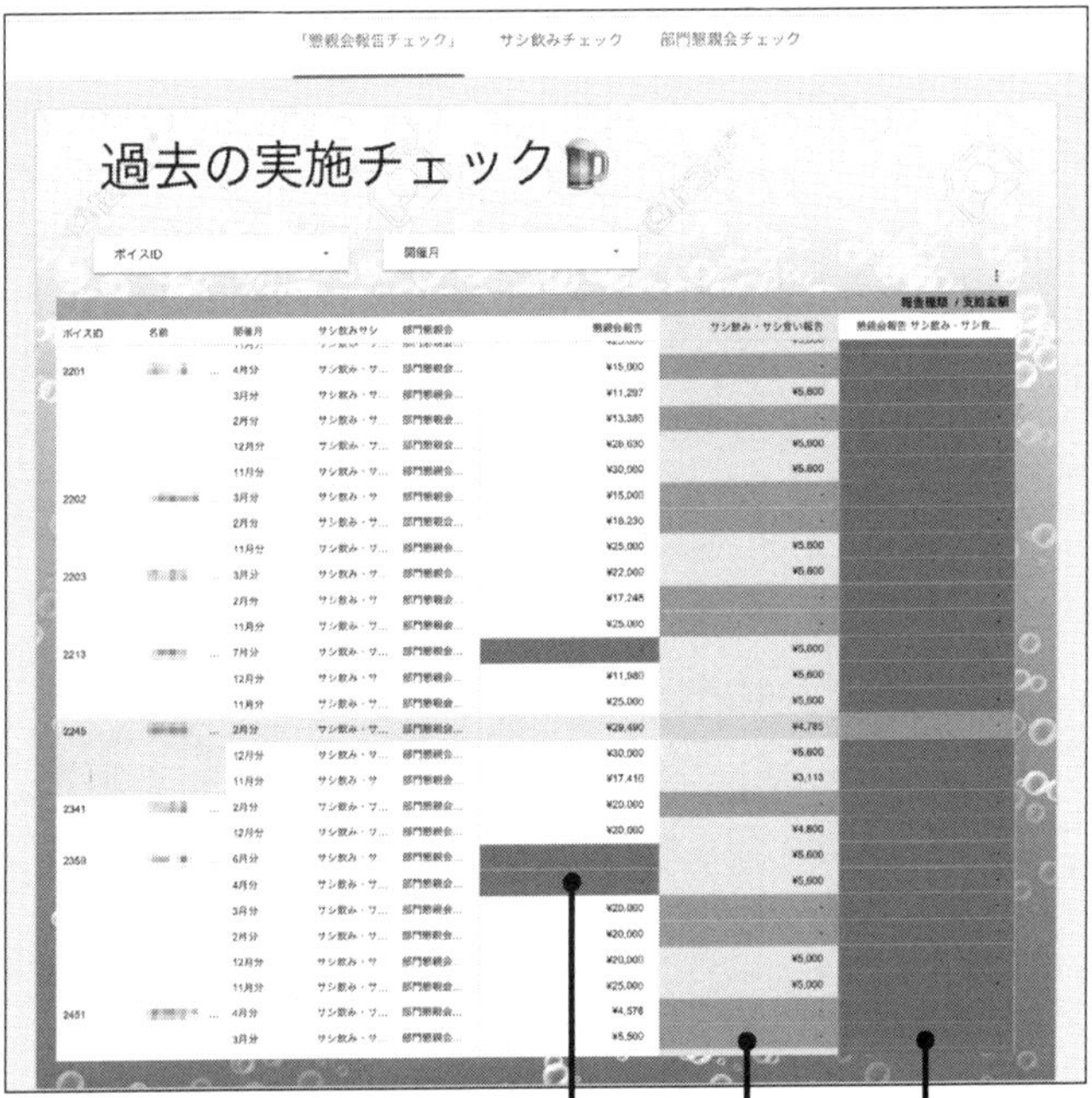

実施されていない月が明示される

成果

第59期（5〜11月）は部門懇親会開催数529回（実施率97.7%）、サシ飲み開催数574回（実施率77.4%）となり、定期的に社内コミュニケーションがとれるようになった！

経験者は新卒、または中途社員と行う。

・頑張ったアルバイト懇親会

年に2回、パート・アルバイト（上司が人選）と役員が食事をする懇親会。

社員が積極的に飲み会に参加するのは、「お酒好き」という理由だけでなく、飲み会の場では、「部下が主役になれるから」です。

会社の飲み会が楽しくないのは、「上司が主役」だから。「上司が一方的に話をする」「上司が部下を叱責する」「上司のお説教を聞かされる」からです。

ですが、わが社の飲み会は、「上司は脇役」。はじまり方から終わり方までルールを決めていて、

「部下の話を上司が聞く」

「部下の質問に上司が答える」

「参加者全員が会話に参加する」

というスタンスをとっています。

飲めば飲むほど業績が上がる会社

武蔵野は、「お酒＝人間関係の潤滑油」として機能しており、「飲めば飲むほど業績が上がる」こともわかっています。

社員に支給する**懇親会の費用は、年間約2500万円**。わが社の結束力は、お酒代に比例して、強くなっています（データでも証明済みです）。

なぜ、お酒を飲むほど業績が上がるのでしょうか。理由は大きく2つあります。

・コミュニケーションは回数だから

コミュニケーションとは、「時間と場所を共有すること」「人と人が顔を突き合わせて会話をすること」です。

コミュニケーション量（回数）が多い会社ほど、会社の業績は上がります。年に1、

2回、一緒に飲んだくらいでは親睦は深まらないので、「毎月飲む」「定期的に飲む」のがわが社の基本です。

飲食をともにすると、人はよく話すようになります。適度にアルコールが入ると固定観念が崩れて、人と人の垣根が低くなります。初めての社員とは「自己開示シート」を使うから本音を聞くことができます。

・飲み会は「社員教育の場」だから

1対少数、あるいは1対1（サシ飲み）で酒席を囲むことで、部下が「自分が聞きたいこと」を上司に聞くことができます。

上司は部下の質問に「答え」を提示するだけでなく、部下にも「どう思う？」と逆質問を与える。すると部下は、「自分の頭で考える」ようになって、自主性が出てきます。

一般的に、懇親会の費用は福利厚生費ですが、私の考え方は「教育研修費」です。

上司と部下のコミュニケーションが良いと、部下も成長します。

懇親会は、わが社にとって社員教育の場であり、結束力や団結力を強くする重要なコミュニケーションツールです。

人と人がつながっているから人が辞めない。人が辞めない、**しがらみのないコミュニティー**をつくるのは大変です。

新卒は同期のコミュニティーができる文化がある。また、先輩・上司が応援するコミュニティーができています。

飲み会が嫌い、お酒が嫌い、会社を離れてまで上司と一緒にいたくない、と考える社員が多いのであれば、別の方法でコミュニケーションを取ればいい。**ルッカースタジオを活用すれば、「どんな方法を取れば、社内のコミュニケーションが良くなるか」を客観的に分析することも可能**です。

ただし、コミュニケーションがない組織では、ルッカースタジオのバージョンアップは望めない。

第3章

データを分析して売上を伸ばし、利益を上げる

武蔵野のダスキンライフケア事業部が全国1位になった理由

ルッカースタジオで「対応時間」と「後追い」を可視化

わが社にとってルッカースタジオは、バックヤードの効率化を実現するツールであると同時に、**営業ツールでもあります**。

ルッカースタジオの分析結果は、前述した「ダイレクトメール効果測定」や、「解約分析」のほかにも、**新規顧客の開拓、既存顧客のフォローなどに役立っています**。

武蔵野のダスキンライフケア事業（訪問介護・家族介護を行う事業）は、全国のダスキン代理店（95店）の中で、**2022年は、杉並ステーションが月間1位を7回、2位を5回、府中ステーションが1位を5回、2位を7回と、年間1・2位を独占。国分寺ステーションを入れると、月間1〜3位を3回独占**しています。

小さなエリアを商圏とする武蔵野が、なぜ全国トップなのか。

「はじめに」でも説明したように、理由は大きく2つあります。ルッカースタジオが実現した「スピード対応」と、「後追い」です。

・スピード対応

ルッカースタジオの結果を見ると、お客様から連絡をいただいてから、「1時間以内に対応したのが、29・8%、15分以内が60・4%」のスピード対応を実現（2022年）しています。**対応スピードでライバル会社を圧倒すれば、武蔵野への信頼度は上がります。**

お客様が緊急時に求めているのは、「できるだけ安くサービスを受ける」ことではありません。

「できるだけ早くサービスを受ける」ことです。大切なのは、安さよりも速さです。スピード対応を徹底すれば「値引き」の必要が少ないため、利益を確保できます。

・**後追い**

後追いとは、提案した商品（または、お問い合わせをいただいた商品）をお客様に検討いただき、その後の意向を確認することです。

即決の商談でない限り、お客様が意思決定のために検討する段階があります。この**検討段階の働きかけの状況や成約率、認知経路などをデータ化**しています。ライフケア事業では、後追いの進捗状況をルッカースタジオ「後追い」として可視化しました。

このルッカースタジオは、社内でもっとも「真似されたルッカースタジオ」です（他の部門も採用しています）。

ルッカースタジオ「スピード対応」で問い合わせへの対応時間を可視化

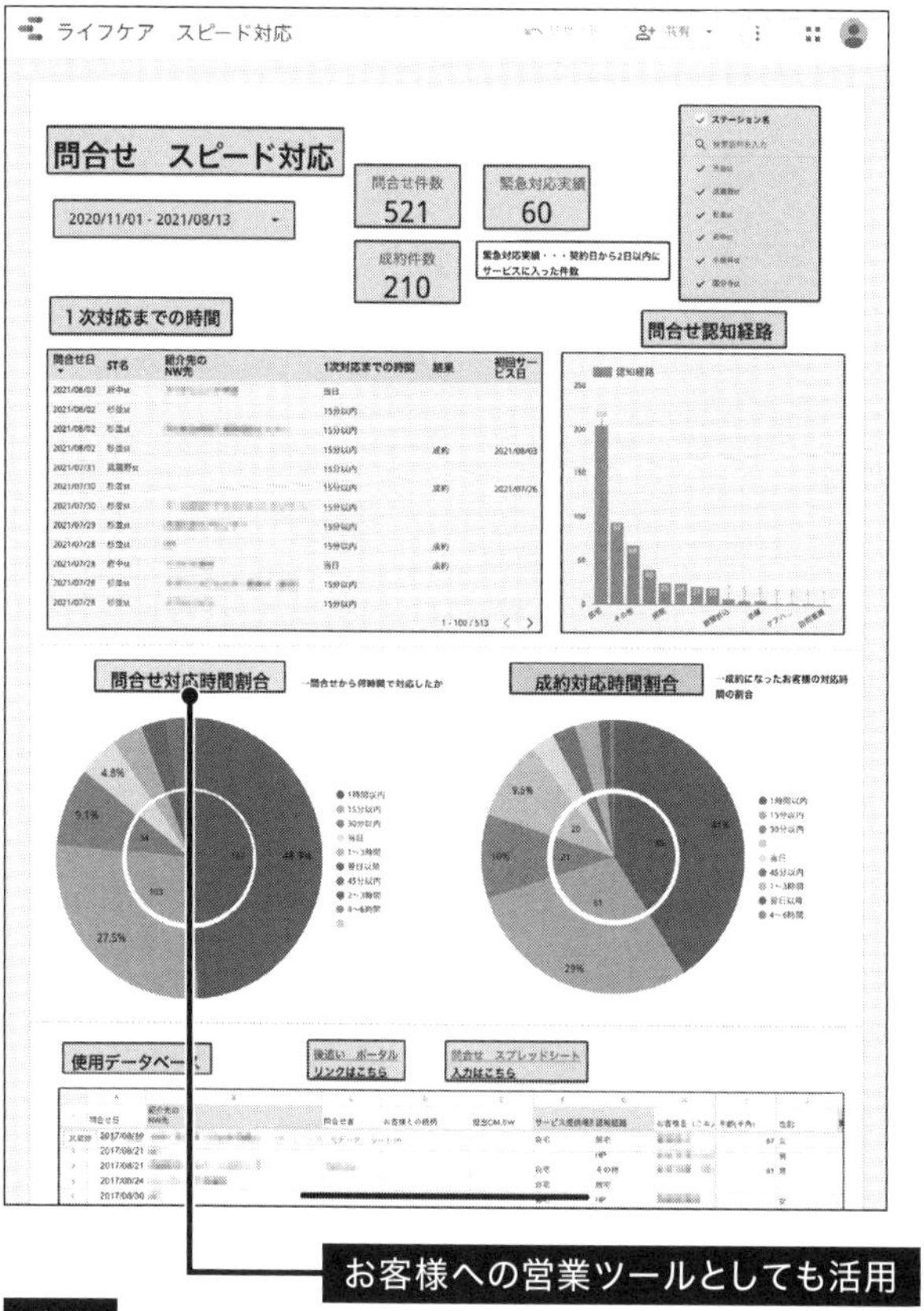

成果

スピード対応の徹底で値引きの必要がなくなり、利益を確保！

ルッカースタジオ「後追い」でお客様の検討状況等を可視化

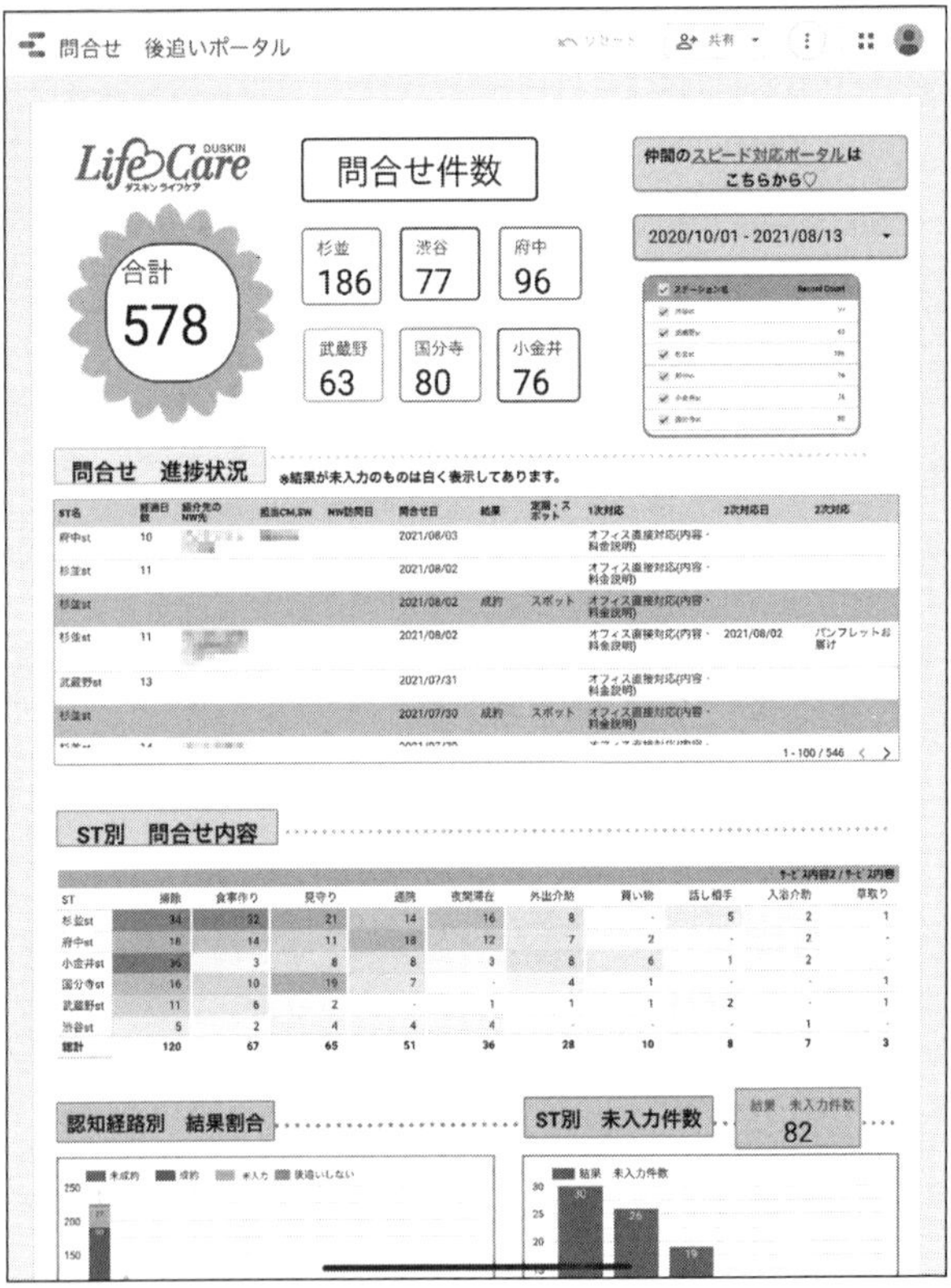

成果

ルッカースタジオ「スピード対応」も活用して
全国のダスキン代理店の中で1・2位を独占！

接触回数と売上は正比例する

営業担当者の訪問回数を可視化する

営業担当者が成果を出す一番の近道は、「行動量を増やす」ことです。具体的には、「お客様への訪問回数を増やす」こと。

営業活動において顧客訪問は基本です。たくさんの件数（新規顧客数）を回るだけでなく、「何度も同じお客様に出向く」ことが重要です。地道に訪問を重ねれば、間違いなく成果が出ます（新規顧客獲得のためのルッカースタジオについては147ページで後述します）。

それなのに社員は、「忙しい」「先方の都合がつかない」「まだ営業の仕事に慣れていない」とナンダカンダ言い訳をして、サボります。

そこでわが社では、独自ソフトを使って**訪問計画を管理**しています。

各自が訪問計画を登録し、予定通り訪問すると色が変わる。訪問しないと色が変わらない。色はそれだけで言葉です。**サボればひと目でわかります。**

営業担当者の訪問回数や「1時間当たりの生産性」（売上額を労働時間で割った数字）も可視化しています。

「誰がどこに、何回訪問したのか」
「目標とする訪問回数に何回足りていないのか」
「どれだけ働いて、どれだけ売り上げたのか」

を社内で公開。このデータを見れば、

「誰が結果を出していて、誰が結果を出していないか」だけでなく、
「訪問回数の差が生産性（売上）の差に直結する」

「訪問回数が増えれば、生産性（売上）が上がる」ことがわかります。

データを社内で公開すると、社員の間で、「負けたくない」「訪問回数が少ないと恥ずかしい」といった競争意識が働き、訪問回数の全体数が底上げされます。

対面訪問ができないなら、オンラインでの「接触」を増やす

コロナ禍によって、訪問回数を増やすことが難しくなりました。そこでわが社が増やしたのは、**「接触回数」**です。

対面での訪問に代わって、電話、メール、チャット、ビデオ会議システム（ZoomやGoogleミート）といったツールを用いて、お客様との接触回数を増やしています。

ルッカースタジオの分析結果を見ても、「接触回数と売上は正比例する」ことがわかっています。「訪問回数が減った分、接触回数を増やす」のが現在の営業戦略です。

コロナ禍以前は、社員「2人」で担当していた営業案件を、「対面+オンライン同行」に切り替えています(ひとりは対面、上司はiPadを使ったビデオ通話で参加)。

オンライン同行だと、ひとり分の交通費が削減できます。また、現地まで行く時間がかからなければ上司の(オンラインでの)接触件数が増えるため、結果的に契約数も増えています。

オンラインでの営業であれば、「現地にいる必要がない」ため、場所を問いません。営業担当者は、ネットカフェやカラオケボックスで商談することもあります(笑)。

わが社の営業担当者にとってカラオケボックスは、歌う場所というより、「商談の場所」です。


「誰が、いつ、どのお客様(取引先)と接触するか」もオープンになっています。

「月曜日の午後1時から、社員Aが○×会社の社長とオンラインで商談をする」ことを知った社員Bが、「自分も○×会社の社長に提案したいサービスがあるので、その商談に参加させてもらう」こともできます。

あるいは社員Aが、「この商品は、自分よりも社員Cのほうが詳しいので、この時間だけ、社員Cにも商談に参加してもらう」ことも可能です。

一度のオンライン営業で、複数の社員が複数の提案をするため、契約につながりやすくなっています。

わが社のセミナーが、「売り込まないのに、売れる」理由

データとITツールを活用して、営業のしくみをつくる

経営サポートパートナー会員にわが社の研修をセールスするとき、かつては、

「こういうセミナーがあります」

「このセミナーはすごくいいので、受けたほうがいいですよ」

「今、このセミナーは10名分余裕があるので受けてみませんか？」

と、こちらから売り込むスタイルでした。

ですが、ｉＰａｄとルッカースタジオを使いこなすようになって以降、

「売り込まないのに、売れる」

「お客様のほうから、『受けたい』と言ってくる」

ように変わりました。


中小企業の社長は、「同業他社（ライバル会社）」の動向と同じように、「同業ではないけれど、業績を伸ばしている同規模の中小企業」の動向を注視しています。わが社が経営支援をしている経営サポートパートナー会員には横のつながりがあるため、

「サポート会員のA社は最近、売上を伸ばしているらしい」

「B社は最近、人材採用で成功しているらしい」

「C社は最近、新規事業をはじめたらしい」

といった情報を共有しています。


ルッカースタジオには、経営サポートパートナー会員が「いつ、どのセミナーに、

何回参加したか」が可視化されています。
「A社が売上を伸ばしている理由」「B社が人材採用で成功している理由」「C社が新規事業をはじめた理由」を、各社の「セミナーの参加状況」とひもづけて分析することも可能です。

わが社の営業担当者が、ある社長から次のように聞かれたとします。

社長：「コロナ禍にもかかわらず業績が伸びてる会社はどんなことをやってるの？」

営業担当者：「ちょっと調べてみますね（と言いながら、ルッカースタジオを開く）。業績の良い会社は、業績を伸ばす前とあとでは、『実践社員塾』への参加状況が明らかに違いますね。今年は前年に比べて、参加人数が2倍に増えています。業績の良い会社の社長は、『一般社員が変わらなければ、会社は変わらない』とお考えになって、一般社員の意識改革に取り組んでいます。『実践社員塾』への参加が業績向上につながっているのではないでしょうか」

社長：「『実践社員塾』か……。当社の参加状況はどうなっていましたっけ？」

営業担当者：「御社の場合、ここ3年ほど『実践社員塾』への参加はありません。同じようにしばらく『実践社員塾』への参加がなく、参加を再開した複数の会社は業績を伸ばしています」

社長：「わかりました。たしかに社長や幹部だけが勉強をしても、一般社員の底上げがなければ、会社は変わりませんよね。社長と社員、幹部と社員の価値観を揃えるために、当社も『実践社員塾』に社員を送ろうと思います」

営業担当者：「承知しました。ではあらためて、『実践社員塾』の詳細をご説明します」（iPadを使えば、該当セミナーの紹介動画やチラシをその場でお見せするこ

とが可能）

「セミナーへの参加率と業績が比例している」という事実を知った多くの社長は、わが社の社員が売り込まなくても、自らセミナーの参加を決めています。

「売上が増えている会社の共通点」を可視化

ルッカースタジオを導入する前、わが社の主力ＢＩツールは、「データネーチャー」でした。

かつて、データネーチャーを使って、「**経営サポートパートナー会員の中で、売上が増えている会社の共通点」を深掘り**したことがあります。その結果、次のことが明らかになりました。

「売上が増えている会社は、わが社の『環境整備プログラム』を導入している」

「『環境整備プログラム』を導入している会社は、『実践幹部塾』に多くの幹部が参加している」

「『環境整備プログラム』と『実践幹部塾』への参加が、売上アップの近道である」

この結果を受けて、

「幹部社員の10％が実践幹部塾に参加した企業だけが、『環境整備プログラム』を導入できる」

ようにしくみを変えました。

また、「環境整備プログラム」を1回だけ導入した会社と、2回、3回と継続して導入した会社では、後者のほうが業績を伸ばしていることもわかりました。

分析結果①「『環境整備プログラム』と『実践幹部塾』の両方に参加すると、売上がアップする」

分析結果②「『環境整備プログラム』の継続回数が多いほど売上がアップする」

この2つの客観データ（分析結果）を開示すれば、「環境整備プログラム」と「実践幹部塾」への参加者を増やすことができます。

データを用いることで、提案の説得力が格段にアップします。

データや数字はウソをつかない。**わが社では、iPadとルッカースタジオがもうひとりのセールスパーソンとなって、営業活動を後押ししています。**

新規契約件数と報奨金を可視化して、社員のモチベーションを上げる

新規契約の獲得実績に応じて報奨金を自動計算

武蔵野は2020年4月に、新規事業として、クリーン・リフレ事業部（クリーン・リフレ正規販売店運営本部）を立ち上げました。

クリーン・リフレは、株式会社アクト（北海道／内海洋社長）が開発した次亜塩素酸水です。除菌効果・消臭効果にすぐれ、「人の健康を損なうおそれがない」ことから「食品添加物」に指定されています。

クリーン・リフレ事業部では、**「セールスコンテスト」**というルッカースタジオを

運用して、**新規契約の獲得実績と報奨金（成果を上げた社員に対して支給する成果報酬）を連動**させています。

「誰が、定期契約を何件取ったか」

「その契約によっていくら報奨金がもらえるか」

をランキング化しています。

これまでも報奨金を出していましたが、金額は手計算でした。現在は、お客様に商品を発送した時点で、自動的に売上と報奨金が計上されるしくみです（15分ごとに更新）。

報奨金の金額（支給率）は、社員のクラス（ランク）によって変わります。契約件数が同じでも、クラスが変われば報奨金の額も変わります。

- Aクラス……上位25％（2倍）
- Bクラス……中位50％（1倍）
- Cクラス……下位25％（0・5倍）

ルッカースタジオ「セールスコンテスト」で新規契約獲得実績と報奨金を可視化し、生産性アップ

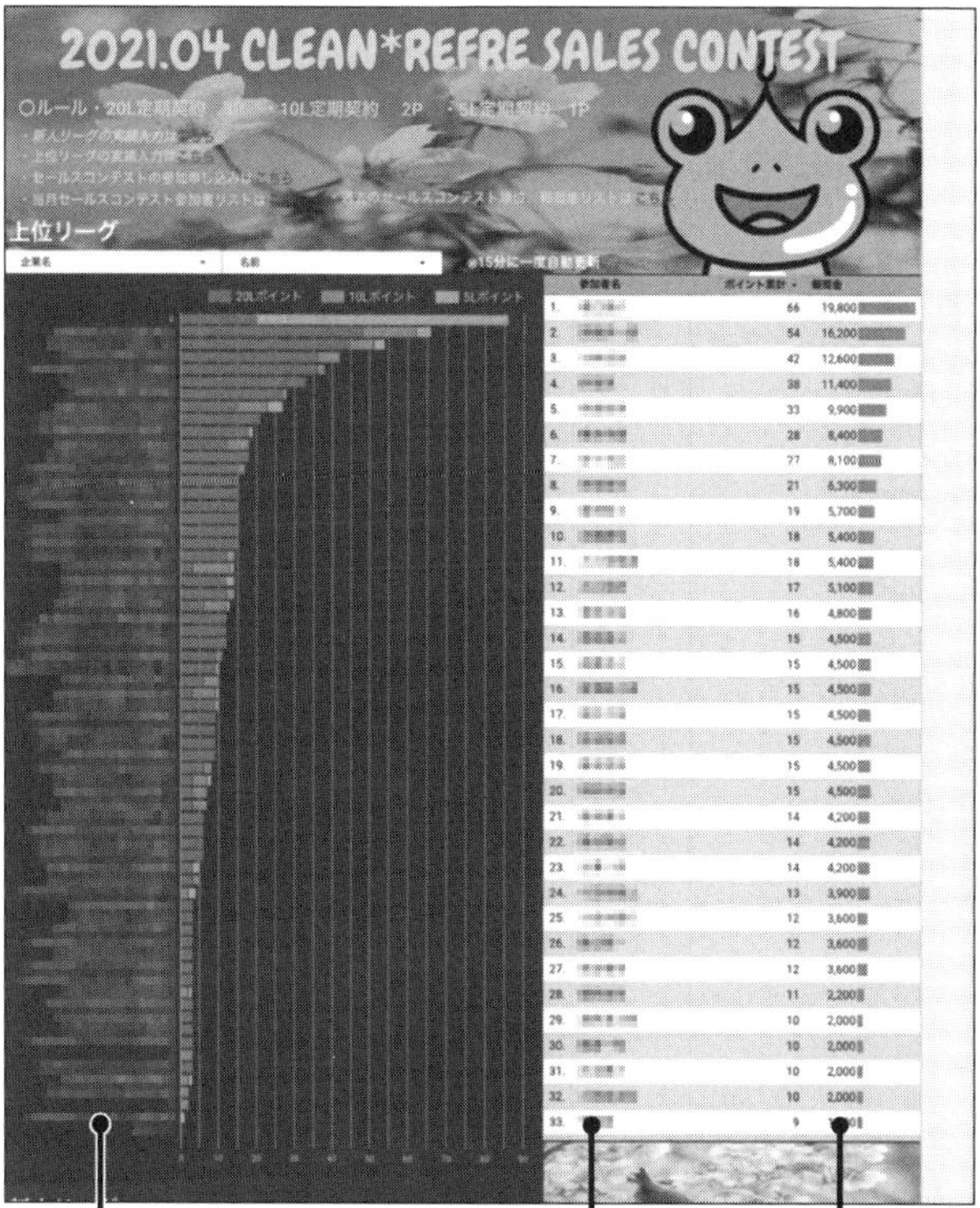

順位表と報奨金のリアルタイムの可視化がモチベーションの源に

成果

クリーン・リフレ事業部は立ち上げ2年で売上3.5億円に

Bクラスを基準（1倍）として、Aクラスは2倍、Cクラスは0・5倍の報奨金が支払われます。

クラスは、前月の成績で決まります。

前月に上位25％の成績を上げれば、今月はAクラス。ですが、今月の成績がふるわなければ、来月は下のクラスに落ちてしまう。

上のランクにいる社員は、「報奨金を減らされたくない」と思って頑張る。一方で下のランクにいる社員は、「報奨金を多くもらいたい」と思って頑張ります。

わが社が「個人成績」を開示している理由

武蔵野は、個人別の成績を社内に掲示したり、ルッカースタジオで開示しています。

成績をグラフで開示することに対して、「パワハラではないか」「成績が悪い人への見せしめではないか」「社員同士を競わせる必要があるのか」「同僚同士が嫉妬するのではないか」といった反対意見もあるかと思います。

ですが私は、

「成績を数値化、グラフ化して開示することで、『自分がどれくらい頑張っているのか』を客観的に知ることができる」
「他の社員と比較することで、モチベーションを高めることができる」
「チャンスは等しく与えて、結果で差をつけることが平等である」

と考えています。実際わが社は、**社員同士を競わせた結果、生産性が上がっています**（ランキング形式をゲーム感覚で楽しめる社員が多いため）。

順位が下の社員に対して、「おまえはダメだ」と人格否定をすれば、パワハラに該当します。しかしわが社は、「こと（結果）は叱っても、人は叱らない」が原則です。社員の人間性を非難しないように配慮しています。

わが社が「価値観教育」に力を入れているのは、「成績が良かったからといって、他人を見くびらない社風」「成績が悪いからといって、腐らない社風」を定着させるためでもあります。

また、順位が下の社員には、「なぜ、順位が上がらないのか」「どうすれば、順位が上がるのか」を上司が指導しているため、「いつまでも、最下位のまま」ではありません。上司は部下にＡ評価をとらせると評価されます。

トップにいた社員が順位を落とすことも、最下位だった社員があっという間にトップに上がることもある。

社員全員が「成績を落として恥ずかしい思いをした」ことも、「成績が上がって嬉しい思いをした」こともある。

社員が営業成績をゲーム感覚で楽しめるしくみをつくっているため、成績を張り出しても社内が殺伐《さつばつ》とすることはありません。

売掛金の状況を可視化して、黒字倒産を防ぐ

ルッカースタジオで「売掛金」の状況を可視化する

多くの社長は、「売上を伸ばせば会社は潰れない」と考えていますが、それは間違いです。実際に、売上が増加しているのに、業績が好転しない会社がたくさんあります。

リーマンショック直後、多くの老舗企業が倒産をしたのは「売上が上がらなかった」からではありません。倒産をしたのは、「売掛金や棚卸資産の増加で資金繰りが悪化した」からです。

「売掛」という概念がないと、倒産の危機を招きかねない。現金で仕入れていて、売掛で販売していたら、帳簿上は利益が出ていても、それは現実的な資金とはいえません。「回収サイトが長くて、支払サイトが短い」場合は、「商品は売れているのに、なかなかお金が入ってこない」ため、キャッシュが足りなくなって倒産の危機にさらされます。

会社が上げる利益の40％は税金です。

残りの半分、つまり利益の30％を予定納税として納付する。残りは利益の30％です。ところが今度は、借入金の返済が待っている。

では、その30％が在庫や売掛金になっていたら、どうなりますか？

資金難に陥って倒産します。これが黒字倒産のカラクリです。

武蔵野では、**売掛金をいち早く回収するため、ルッカースタジオで「売掛金」の状況を可視化しています**。売掛金が多くなると、いくら売上が伸びても、資金繰りが悪化しかねないからです。

ルッカースタジオ「売掛金」で売掛残を可視化して「消し込み」を促進

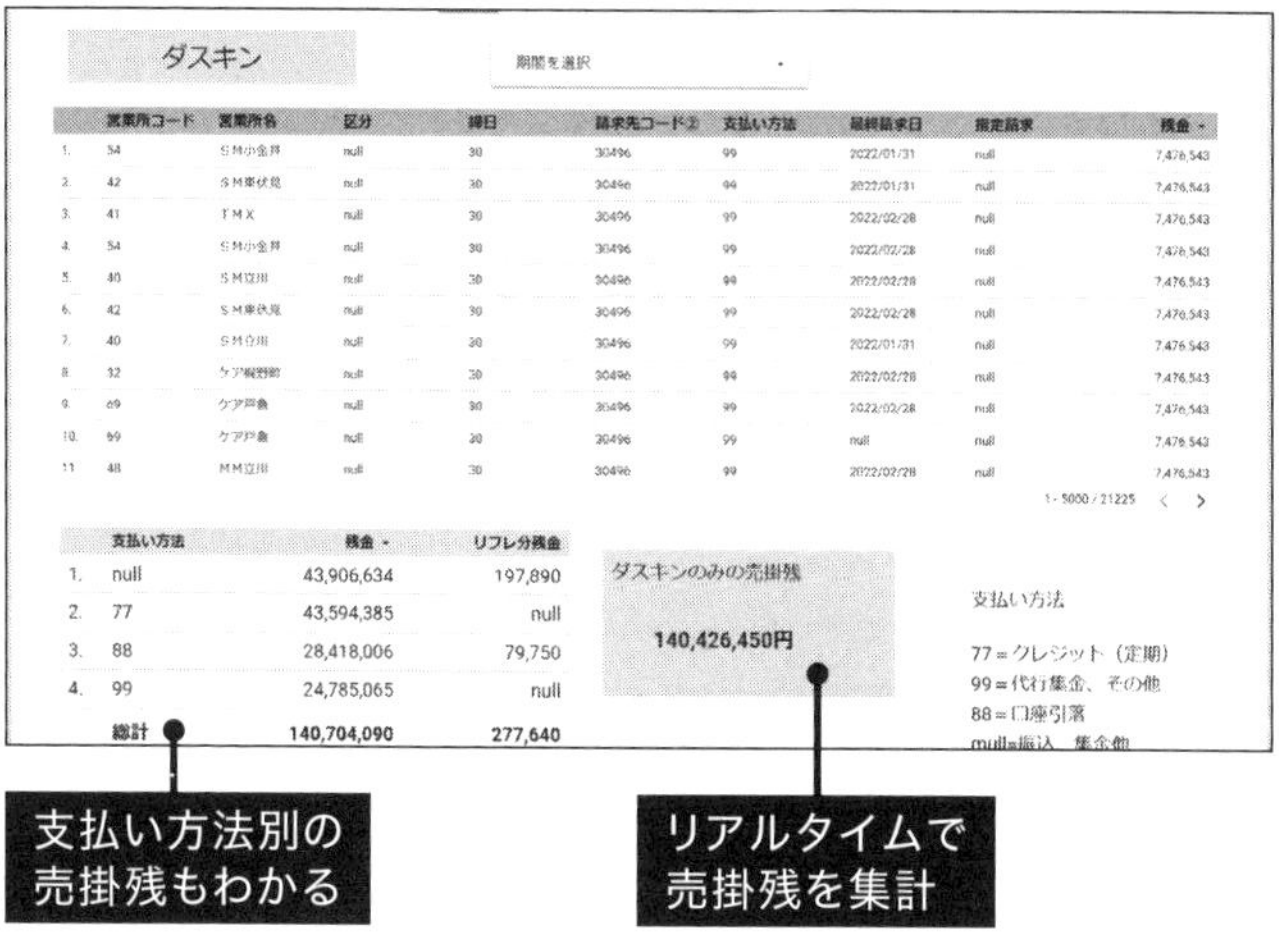

成果

営業所間の競争が進み、「早く回収」が実現

経理のコンピュータ化は約25年前から。**売掛金の自動消し込み**をシステム化したのは中小企業で一番早かったのではないでしょうか。お客様が注文をすればその時点で売上は計上されます。まだ入金がされていない状況のとき、この注文は「売掛金」として管理されます。そして、入金が行われると、売掛金のデータを消す。この作業が「売掛金の消し込み処理」です。

会社が倒産するのは、赤字だからではなく、手元の現金がなくなるからです。売上があった場合、売掛金になるのか現金なのか。仕入をしたら、現金で買ったのか買掛金なのか……。人とモノがどのように動き、それにともなって「お金がどのように動くか」を可視化、データ化して把握すれば、たとえ赤字であっても、対処できます。

早く仕入れて、早くつくって、早く売って、早く回収する

「株式会社NISSYO」（東京都羽村市）は、トランス（変圧器）のメーカーです。久保寛一社長は、意図的に「回収条件」を変更することで、財務体質を改善。2017年から2022年の5年間で、**「売上は約2・3倍、経常利益5・8倍、現預金は5・4倍」に増えています。**

「手形の支払サイトが長いと、設備投資や増産のための資金が調達できません。そこで、お客様（取引先）にご協力をいただいて、120日の手形（手形の振出日から支払期日までの期間が120日）をやめていただき、現金での支払いに変えていただきました。

回収条件が変わったことで、最大3・1ヵ月あった収支ズレ（収入と支出のタイミングのズレ）がゼロになり、資金調達が進みました」（久保寛一社長）

また、久保社長は、「デジタル化の波に乗れない製造業は淘汰されていく」という考えのもと、ICT機器を駆使したDX化を進めています。

「車の鍵貸出システム」「クラウドお弁当注文」「図面のデジタル化」「日報のWEB化」「スケジュール管理」「残業の可視化」「未来予測・意思決定・企画立案」など、さまざまな業務の効率化とペーパーレス化を推進。2022年には、経済産業省が定めるDX認定制度に基づき「DX認定」事業者に認定されています。

製造業にとってデジタル化を含めた設備投資は、次の成長のために不可欠な投資です。「利益が出てから投資すればいい」と考えていては、時代の変化に取り残されます。

会社に現金があるかどうかは、貸借対照表（B／S）の「資産の部」の「流動資産」の科目のトップにある「現金預金」を見れば、一目瞭然です。

貸借対照表（B／S）
会社の財産状況をまとめた表。資本金や利益剰余金（純資産）がいくらあって、いくらお金を借りていて（負債）、どのように運用されているか（資産）を示している。

「現金預金」の数字に厚みがあれば、会社は倒産しません。また、その他の資産も含めて「流動性が高い」ほど、倒産しにくい。資産の流動性とは、現金化のしやすさのことです。

会社にとって「売上を上げる」以上に大切なのは、「早く現金を回収する」ことです。

中小企業の場合、「材料費や外注費などの支出は先に発生し、商品代金の回収があとになる」パターンが多くなるため、資金繰りが苦しくなります。

どんなに売れても現金がないと会社は倒産するので、**「早く仕入れて、早くつくって、早く売って、早く回収」する**。商品を早く回転させて、現金を早く稼ぐことが大切です。

iPadとルッカースタジオを、「クレーム対応」に役立てる

お客様からクレームが届く前に対処する。だからクレームにならない

iPadとルッカースタジオは、「クレームを未然に防ぐ」ツールでもあります。

【クレーム対応への活用例】

①iPadの位置情報（GPS機能）を活用して、ただちに現場へ急行する

お客様からクレームが入ると、今まではコールセンターから担当者の携帯電話にメ

ールで連絡をしていました。

ですが、担当者がお客様の近くにいるとはかぎりません。現場に駆けつけるまでに時間がかかると、事態が悪化して、解約につながるおそれがあります。

こうした課題を解決するため、コールセンターでは、「iPadの位置情報」を活用しています。

コールセンターは、「iPadの位置情報」を活用して全営業担当の位置情報をリアルタイムで把握。クレーム対応は、スピードが最優先です。対応が遅れると解約につながりかねません。そこで、コールセンターにクレームが届いたら、社員の位置情報を確認。「もっとも早く現地に到着できる社員」を向かわせています。

②お客様情報を共有する

住所、名前といった基本的な情報だけでなく、「これまでの取引の経緯」「商談の進捗状況」などをデータとして記録しているため、どの営業担当者を向かわせても対応できます。

お客様情報をデータ化して共有すれば、「あのお客様は自分の担当ではないので、わからない」「あのお客様の担当は、遠くにいるのですぐには対応できない」といったことがなくなります。

さらにクレームに関する方針に「上司が出張等で対応できない場合は、同じ職責の責任者が対応する」と追加した。

③商品の発送状況を管理する

「商品A」の注文をいただき、発送したとします。ところが、「大雨などの影響で配送が遅れ、到着予定日に届かなかった」とき、お客様から「荷物が届かない。遅れている」とクレームが入ることがあります。

わが社は、荷物が届かなくてもクレームになることは少ない。

なぜなら、

「到着予定日に荷物が届かない可能性が出た時点で、ただちにお客様に連絡を差し上げている」

注文・配送状況が管理できるルッカースタジオ

成果

配送状況を見て先回りして連絡できるから、
到着が遅れてもクレームになりにくい

からです。

わが社では、配送業社と連携し、商品の配送状況をルッカースタジオで管理しています。

交通事情や天候、コロナ禍などを理由に配送が遅れている場合は、お客様から「届いていない」と連絡をいただくより先に、

「申し訳ありません。こういう理由で配達が遅れています。現在、荷物は〇〇〇あたりを通過したところです。いついつには届くと思います」

と先回りして連絡をする。あらかじめ「遅れる」ことを正直に伝えておけば、お客様も納得していただけます。

第4章

データの活用を社内で展開する

データドリブン経営を進めるために、ＩＴツールの私用を許可する

ＩＴツールは、「習うより、慣れろ」

データドリブン経営を進める上での前提条件は、**「できるだけ多くの従業員（社員、アルバイト、パート）が、ＩＴツールを使えるようになること」**です。ＩＴツールを導入しても、それを使って現場の改善に役立てなければ意味がない。わが社は、**70代のパートもｉＰａｄを業務に役立てています。**

ＩＴスキルを問わず、武蔵野の従業員がｉＰａｄを使えるようになったのは、**「自宅での私用を認めていた」**ことも大きな要因です。

「会社が貸与したＩＴツールは会社の所有物であり、インターネットの接続費用も会社が負担しているので、私用を禁止する」と考える会社が多いと思います。

ですが私は、**「私用ＯＫ」**です。

会社から貸与されたｉＰａｄでオンラインゲームをしたり、映画を観たり、音楽を聴いたり、好きなＷｅｂサイトを閲覧してもかまいません（私用にあたっては、会社の情報漏えい、ＳＮＳを使った不適切な投稿などが起きないようにセキュリティを強化。社員教育も徹底）。

私用を認めている理由は、２つあります。

ひとつは、

「ＩＴスキルが向上するから」

です。

私用でもいいから、触る機会を増やす。触る機会が多くなるほど、ＩＴツールへの苦手意識はなくなります。

「使い方がわからなくても、まずは触ってみる。あれこれ、タッチしてみる。わからないことがあったら聞く」ほうがＩＴスキルは向上します。

私用を認めた結果、テレワーク環境が整う

２つ目の理由は、

「テレワーク（在宅ワーク）の環境が整うから」

です。

中小企業は、大企業に比べてテレワーク実施率が低いと言われています。

東京商工会議所の調査によると、２０２１年5月の緊急事態宣言下における「東京

23区の中小企業のテレワーク実施率」は38・4％でした（参照：東京商工会議所／中小企業のテレワーク実施状況に関する調査／２０２１年6月16日）。

武蔵野は、「お客様と従業員を守る」ことを最優先し、緊急事態宣言の発出前からテレワークに切り替えています。それを可能にしたのは、社員のテレワーク環境が早くから整っていたことです。

【コロナ禍におけるオンラインの活用例】

・対面でのセミナーは禁止し、オンライン開催
・経営計画発表会は、史上初の「小山昇のひとり経営計画発表会」としてオンライン配信
・対面での社内イベント、社内会議は全オンライン化
・出張禁止。オンラインによる営業活動
・時間を決め、休憩開始・終了のタイムカード打刻を徹底（GPS機能で位置情報を記録できるので、虚偽報告ができない）

・社内での勉強会は、Zoomやチャットワークライブで実施
・「YouTube」チャンネル『めざましスタディ』（社内勉強会用チャンネル）を開始

社員に貸与しているｉＰａｄは、セルラーモデルです。セルラーモデルは、携帯会社の回線を使って通信できるモデルです。自宅にＷｉ-Ｆｉを引いていない社員でも、在宅ワークが可能です。

ですが、社員の端末にはデータ通信量（いわゆる「ギガ」）に制限をかけています。自宅にＷｉ-Ｆｉを引いていない社員がｉＰａｄをプライベートでも使うと、すぐにギガが足りなくなる。

すると社員は、こう考えます。

「自宅でもっとインターネットを楽しみたいから、Ｗｉ-Ｆｉを引こうかな」

「会社のｉＰａｄをプライベートでも使用したい」という不純な動機で（笑）、会社がお金を払わなくても、私が強制しなくても、社員は自宅にＷｉ-Ｆｉを引くように

なりました。

「武蔵野社員のITスキルは高い？　低い？」

全社管理本部の水野和隆（嘱託）は、「iPad導入時のエピソード」を次のように話しています。

弊社ホームページ内「武蔵野コラム：【武蔵野社員の奮闘記】武蔵野社員のITスキルは高い？　低い？」から、一部抜粋して紹介します。

「武蔵野はシステム会社ではありません。当たり前ですが、何か機器を導入するときはシステム部主導で設定する必要がありました。

実際にそれで苦労したのは、2014年にiPadを全社導入したときです。

当初は部長以上の20～30人だけに持たせる計画でした。しかし、小山は『これは使える』と判断して、全社員200人弱（当時）への導入を決めました。

さらに続けて『パート・アルバイトにも持たせる』『いや、内定者にも使わせよう』と計画を修正。最終的には、450台を一気に導入することになりました。

調達はなんとかなりましたが、問題は配布でした。iPadを使うには、一台ずつApple IDを取得して入力する必要があります。そこで当初は、各自がIDを取得後、それをこちらで入力して手渡すという手順で配布する予定でした。

しかし、当時はパート女性の多くはまだガラケーを使っていて、『ID？ 何それ？』という反応です。私が想像していた以上に現場のITスキルは低く、配布はいっこうに進みませんでした。

小山はそのことを知らずに、政策勉強会のときに『今年は全員にiPadを配った』と話をしました。それを聞いていた社員の方が、感想文に『まだ配布されていない』と書いて暴露。すぐさま小山からシステム部にお叱りのボイスメールが入り、『今月中に全員に配れ』と厳命されました。

しかたがないので、システム部のほうで仮のIDを取得して入力して、全社員に配りました。当初各自でIDを取得することになっていたのは、パスワードも自分で設定してもらうためです。

こちらで仮のIDとパスワードを決めて配布後もそのまま変更しなければ、その社員が使っているAppleのサービスの中身はすべてシステム部に筒抜けになります。

それを避けるために各自でID取得という手順にしたのですが、その配慮はすべて水の泡になりました……。

これは社員のITスキルの低さが招いた悲劇（？）でした。

ただ、配布後は逆に、『みなさんこんなに使いこなせるようになるのか』と感心しました。

武蔵野が与えるITツールは、原則的に私用オーケーです。iPadのときも、小山は『動画を見たり、ゲームをしてもいい』『パートさんなら孫の写真を撮ってきなさい』と言っていました（ゲームはハマりすぎた社員数人が消費者金融のお世話になり、さすがに禁止になりました）。

また、全員が同じツールを持っているので、お互いに使い方を教え合うこともできます。

こうした工夫の成果で、しばらくあとには誰もがそれなりに使いこなせるようになっていました。

社員はＩＴの専門家ではないため、システムエンジニアに比べるとＩＴスキルは劣ります。

しかし、その後のしくみと教育によって、パート社員まで含めてそこらのビジネスパーソンより使いこなすようになっていく。これが武蔵野の強さなのだと思い知りました」（水野和隆嘱託）

自分たちでルッカースタジオをつくり、自分たちで運用する

外注業者に「最初から丸投げ」してはいけない

ＩＴ環境の進歩は、日進月歩です。そのスピードに追いつくには、専門知識を持つ外注業者（外部スタッフ）の力が不可欠です。

ですが、外注業者の協力を得るときも、「最初から丸投げ」はいけない。外注業者は「武蔵野の現場、現実を知らないから」です。

企業システムは、「生産性を上げる＝ラクをして結果を上げる」ために導入するものです。ですが外注業者は、「社内のどこに問題があるのか」「どんな人が困っている

のか」「何に困っているのか」「どうすればラクになるのか」に対する理解がないため、現場とかけ離れたシステムをつくってしまうことがあります。

外注業者には発注するときも、現場の声を反映させる。そのために社内のシステム担当者には、

・**外注業者にシステムの目的を伝えられるだけのＩＴの知識**
・**武蔵野の現場体験**

が必要です。

システム開発に、現場目線を入れる

武蔵野は、「システム開発に、現場目線を入れる」ことを重視しています。

現場のことを知らない人間がつくったシステムよりも、**現場目線でつくったシステムのほうが、実用的です。**

ルッカースタジオは、

「テンプレート（定型書式）が用意されている」

「いつでも、どこからでもアクセスができる」

「自動でグラフを更新できる」

ため、ITスキルが低くても、すぐに扱えるようになります。

わが社の「現場の社員、パート、アルバイト」は**「自分たちの仕事をラクにするルッカースタジオ」を作成しています**。

「自分たちの仕事に役立つルッカースタジオを、自分たちでつくり、自分たちで運用する」

のが基本です。

現場目線のルッカースタジオだから、業務改善がはかどる

ＩＴの専門家の手を借りず、自分たちでルッカースタジオをつくる

武蔵野のルッカースタジオは
「現場の仕事を改善するため」

「自分たちの仕事をラクにするため」

に、ＩＴの専門家の手を借りずに、自分たちで構築したものです。

だから実践的で、役に立つ。

大切なのは「操作技術」ではなく、「利用技術」です。

わが社の社員が独自で作成したルッカースタジオの一例を紹介します。

◆クリーンサービス事業部（ビジネスサービス）

……目標金額に向けての活動を明確化するルッカースタジオを作成。

【ルッカースタジオの概要】

これまでは営業活動に計画性が乏しかったため、月末になると数字が足りずに、目標金額に届かない傾向にあった。

そこで、社員ごとに、「目標金額まであといくら必要か」「見込み件数がどれだけあるか」「見込みの中からどれだけ成約につなげれば、目標に達成するか」を可視化するルッカースタジオを作成。

社員は毎日、「Google スプレッドシート（表計算ソフト）」に「見込み」（未成約、まだ進捗がないもの）を入力する。同時に、見込みランクを、A、B、Cに分類する。

・Aランク…初回訪問した際に前向きに検討していただいたお客様（契約率は90％）

・Bランク…話を聞いて検討してくださっているお客様（契約率は30％）

・Cランク…見積りのみや、「とりあえずモニターだけ」というお客様（契約率は10％）

【ルッカースタジオ導入の効果】

◎目標の数字、目標を達成するために必要な契約件数、見込み数、顧客単価、稼働日数、目標差額、A、B、Cランクの契約率などを明らかにすることで、

「1日の目標見込み金額」

「今日1日の活動目標」

が明確になった。

社員Aの場合、
・目標金額…月6万円
・現時点での獲得金額…2万1100円
・差額…3万8900円
・現在の見込み件数……5件（2万457円）
⬇
「1万8443円足りないこと」
「今日1日は、Aランクであれば、2881円、Bランクであれば8644円、Cランクであれば2万5933円の見込みをつくる活動が必要なこと」
などがわかる。

◎当月だけでなく、翌月の予測もできるため、**「1カ月先の数字の管理」**ができる。
◎実績の共有ができるため、社員同士のライバル意識が働いて、**モチベーションが上**

がる。

◎「とりあえず契約が取れるまで帰ってくるな」といった精神論による指導がなくなった。

◆クリーン・リフレ事業部
……ライバルと自社を比較するルッカースタジオを作成。

【ルッカースタジオの概要】
「クリーン・リフレ」のライバル商品は数多く、社内における「他社商品情報」「ライバル会社情報」の横展開ができていない。そこで、ライバル情報を把握できるルッカースタジオを作成。

ライバルサイトのＵＲＬを貼り、「どんな特徴の商品か」「価格はいくらか」がすぐにわかるようにする。

ルッカースタジオ「目標金額逆算」で目標達成までのプロセスを逆算して可視化

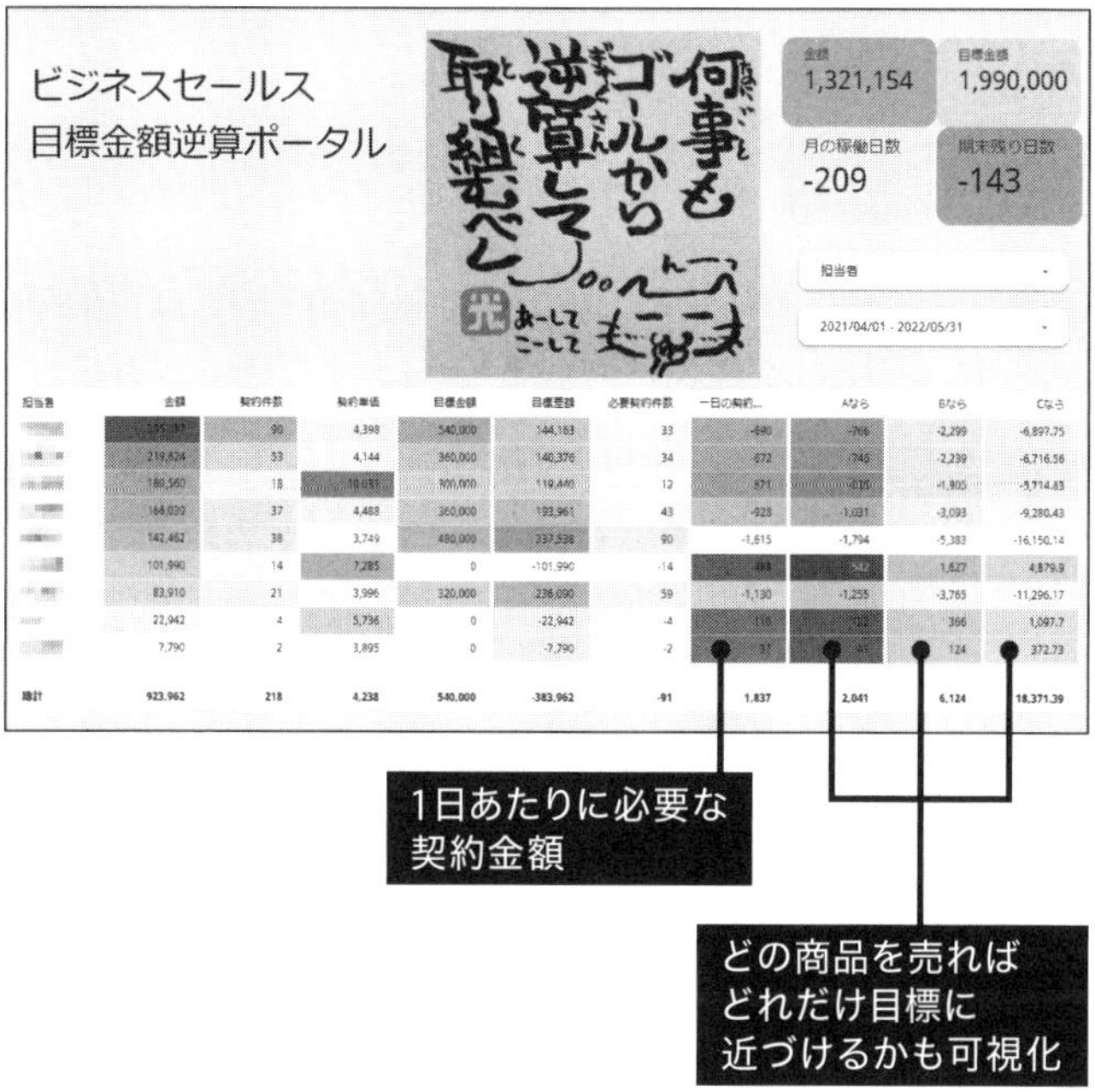

成果

目標達成のために今日必要な金額、
やるべきことが明確になり、行動に結びつきやすくなった

クリーン・リフレとライバル商品の性能差を動画でお客様に見せることも可能。ライバル情報を管理しつつ、自社の商品の優位性をアピールできる。

【ルッカースタジオ導入の効果】

◎ライバル商品（アルコールや、次亜塩素酸ナトリウムなどの消毒液）からクリーン・リフレへの切り替え状況を円グラフ化したことで、「成約理由の割合」＝「お客様のニーズ」がわかるようになった。

◎データや動画を使って、クリーン・リフレの有効性（他の消毒液よりも効果が高いこと）を証明できるため、「ライバル商品からの切り替え需要」が期待できるようになった。

◆採用Kimete事業部

……テレアポの進捗を可視化するルッカースタジオを作成。

ルッカースタジオ「ライバル比較」で自社商品の強みを可視化し、営業ツールに

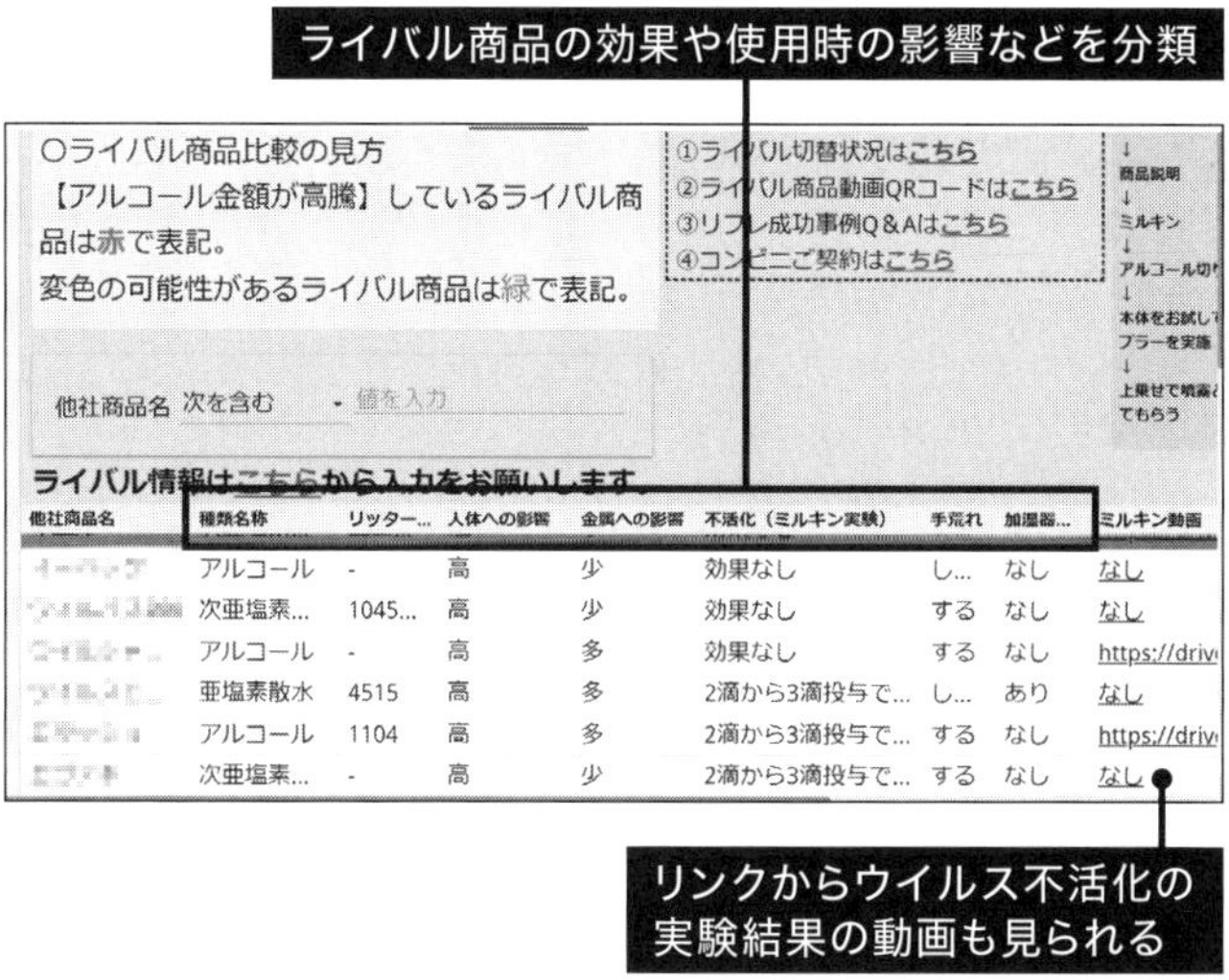

ライバル商品の効果や使用時の影響などを分類
【アルコール金額が高騰】しているライバル商品は赤で表記。

変色の可能性があるライバル商品は緑で表記。

① ライバル切替状況はこちら
②ライバル商品動画QRコードはこちら

③ リフレ成功事例Q&Aはこちら

④ コンビニご契約はこちら

他社商品名 次を含む ・値を入力

ライバル情報はこちらから入力をお願いします

他社商品名	種類名称	リッター...	人体への影響	金属への影響	不活化（ミルキン実験）	手荒れ	加湿器...	ミルキン動画
	アルコール	-	高	少	効果なし	し...	なし	なし
	次亜塩素...	1045...	高	少	効果なし	する	なし	なし
	アルコール	-	高	多	効果なし	する	なし	https://driv
	亜塩素酸水	4515	高	多	2滴から3滴投与で...	し...	あり	なし
	アルコール	1104	高	多	2滴から3滴投与で...	する	なし	https://driv
	次亜塩素...	-	高	少	2滴から3滴投与で...	する	なし	なし

リンクからウイルス不活化の実験結果の動画も見られる

成果

ライバル商品からの切り替え需要の掘り起こしに成功

【ルッカースタジオの概要】

就職活動中の学生の電話につながりやすい時間や特徴を把握し、テレアポを効率的に行うルッカースタジオを作成。「丸1日テレアポに携わると、テレアポ担当者の集中力が低下する」「不在やキャンセルが続くと、担当者のモチベーションが下がる」といった課題を解決する。

【ルッカースタジオ導入の効果】

◎テレアポの状況、結果を「1時間ごと」に集計したところ、**「つながりやすい時間」や「確約が取りやすい時間帯」が判明。**

電話がつながる率は、

「10時～12時台」……平均29％

「13時～16時台」……平均33％

学生に電話がつながりやすいのは、「午後」であることがわかる。この結果を踏まえて、

ルッカースタジオ「テレアポ」で電話がつながる時間帯を可視化して、テレアポを効率化

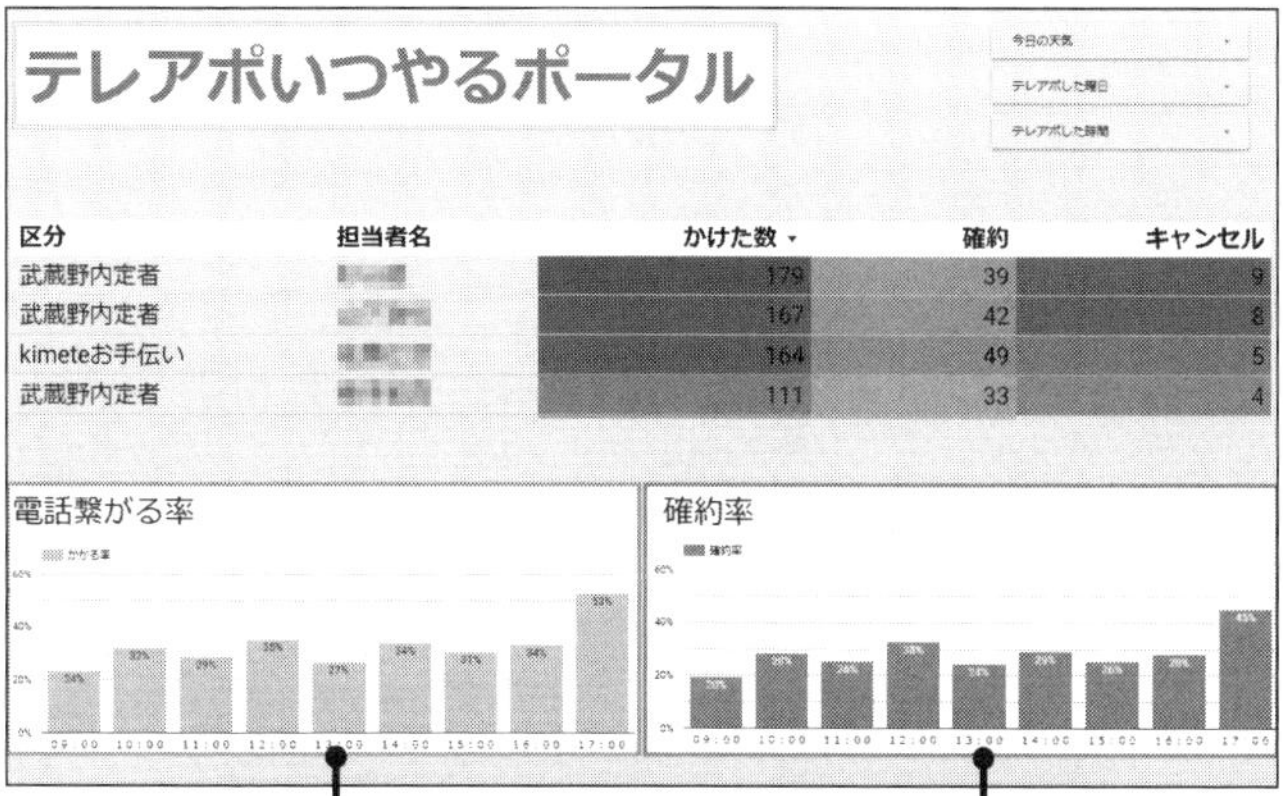

成果

短時間でより多くの学生と接触することが可能に

「（改善前）テレアポ担当者ひとりで、1日8時間」行っていたテレアポを
「（改善後）テレアポ担当者2人で、午後の4時間」に変え、集中的に行うように改善。

◎**経費削減と、確約率の向上**が実現。

◆パートナーシップ事業部（撮影編集チーム）

……映像編集にかかる作業時間を可視化するルッカースタジオを作成。

【ルッカースタジオの概要】

映像などの編集案件に対して、「どの作業に、誰が、どれくらいの時間をかけているか」がわからなかったため、「手が空いている人」や「手持ちの数が少ない人」に仕事を振っている状態だった。また、納期直前になって「編集が間に合わない」とい

う課題もあった。

そこで、「Googleスプレッドシート」と時間管理ツール「タイムクラウド」を連携してルッカースタジオを作成。個人ごとの作業時間のデータと、受注状態を組み合わせて、各自の作業時間の「粗利益」の可視化を行った。

【ルッカースタジオ導入の効果】

◎編集者個人の1時間あたりのABC利益額（アクティビティ・ベースド・コスティングの略。商品ごとの人件費のこと）、作業時間、商品別・お客様別のABC利益額を確認できる。

1時間あたりのABC利益額が高ければ高いほど「編集にかかる時間が少ない」＝「生産性が高い」と判断できる。

◎商品別のABC利益額では、「どの商品の利益額が高いか」がわかるので、**「販促に力を入れる重点商品」を定めることができる。**

『経営計画発表会』は、料金30万円に対して、ＡＢＣ利益率が95・95％。『いつでもスタディ　方針解説編』は、料金40万円に対して、ＡＢＣ利益率が90・97％。この結果から、「必ずしも、料金の高いほうが利益率も高いとは言えない」ことがわかる。

◎編集者の「案件ごとの得意・不得意の傾向」がつかめる。**感覚ではなく「実績」にもとづいた人材の適材適所が可能。**

◎生産性が高い編集者の**時給アップの判断材料に活用できる。**

ルッカースタジオで商品・お客様別のABC利益を可視化し、編集業務の生産性向上につなげる

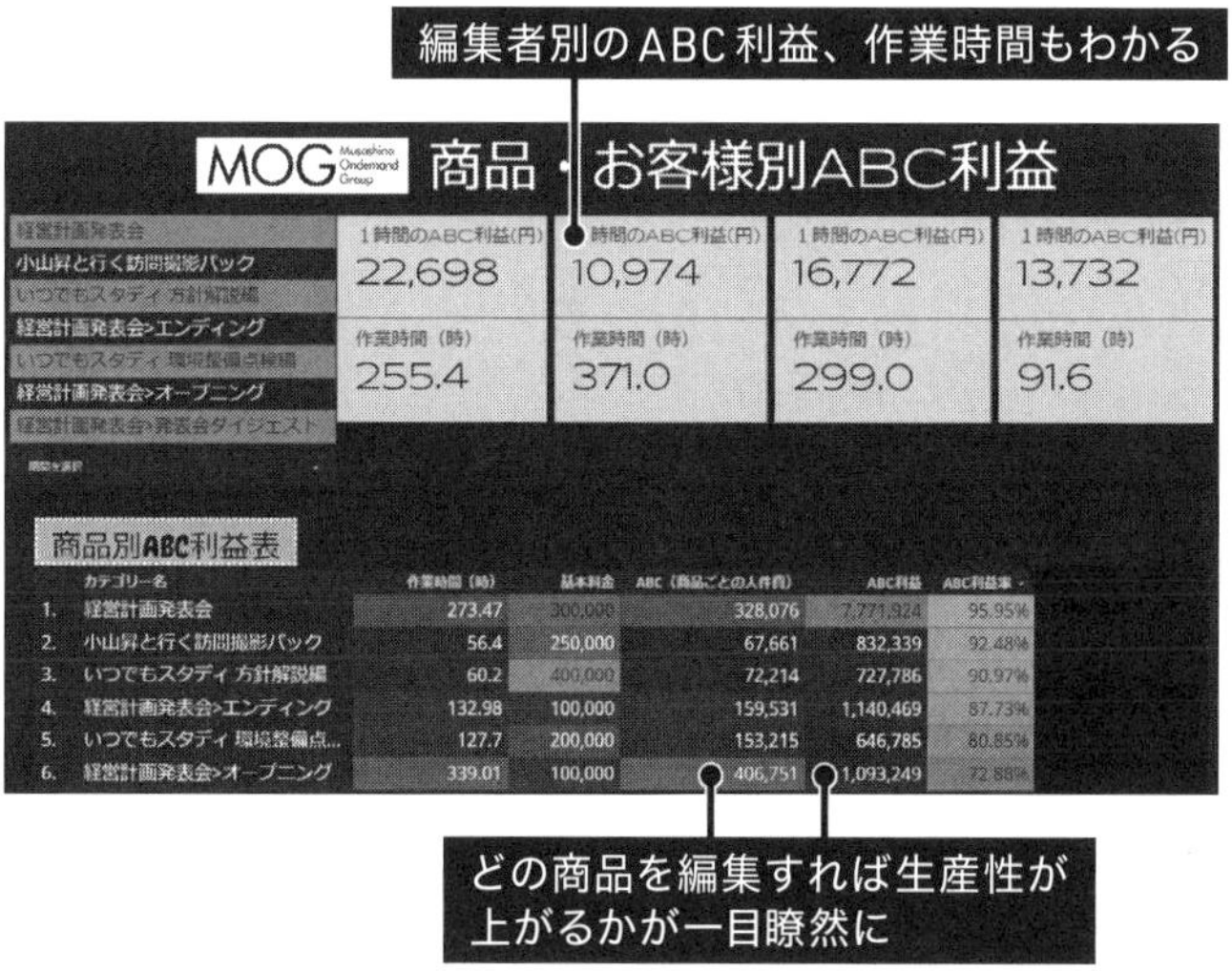

成果

重点商品が明確になり、利益を最大化できる

新技術は、「新しいこと」ではなく、「今やっていること」に使う

アナログでうまくいっていることをデジタル化する

ＩＴツールをはじめ、「新しい技術」が登場すると、多くの社長はこう考えます。

「今までと違った、新しいことができる」

一方、私はこう考える。

「アナログでうまくいっていることをデジタル化すれば、生産性が上がる」

「これまでもできていたことを、さらにできるようにするために、デジタル化しよう」

「新しい技術を使って、新しいことをはじめる」のは、難しい。アナログでうまくいっていなかったことを「デジタルの力でうまくいかせる」のも難しい。

「今までもうまくできていることを、もっとラクに、もっと速く、もっとスムーズにするために新しい技術を使う」ほうが、業務の効率化が実現しやすいと私は考えています。

レコードがまだなかった時代、音楽が好きな人は、楽団の「生演奏」を楽しんでいました。

その後、エジソンが生まれ「レコード」ができた。レコードは楽団のマーケットを奪い、売上を伸ばしました。

レコードがわが世の春を謳歌《おうか》していると、今度は「カセットテープ」が登場。音が飛ばないカセットテープは、レコードのマーケットを食いつぶした。

ところが「CD」の誕生によってカセットテープは下火になり、さらにはインターネットの「音楽配信」が普及したことで、CDの売れ行きも低下しました。

「楽団→レコード→カセットテープ→CD→音楽配信」と音楽の録音・再生技術は進歩しました。

ですが、音楽記録媒体が変わっても、楽団の時代から「音楽を楽しむ」という本質は変わっていません。

「新しい技術が新しいジャンルを切り開いた」と考えるよりも、**「新しい技術がこれまでの技術に置き換えられた」**と考えるほうが正しい。

わが社の**「サンクスカード」**も、アナログでうまくいっていることをデジタル化した一例です。サンクスカードとは、「○○さん、忙しいのに、手伝ってくれてありがとう」「○○さん、いろいろ教えてくれてありがとうございます」という「小さな感謝」を伝えるしくみです。

以前は「手書き」でカードを書いていましたが、サンクスカードの枚数が年間10万枚を超えて集計ができなくなり、現在は、株式会社エヌエスケーケーの提供する**「サ**

アナログでうまくいっていることをデジタル化するとうまくいく

【例】小さな感謝を伝えるしくみ「サンクスカード」

以前は手書きだったが、
枚数が多くなり管理できなくなったためアプリ化

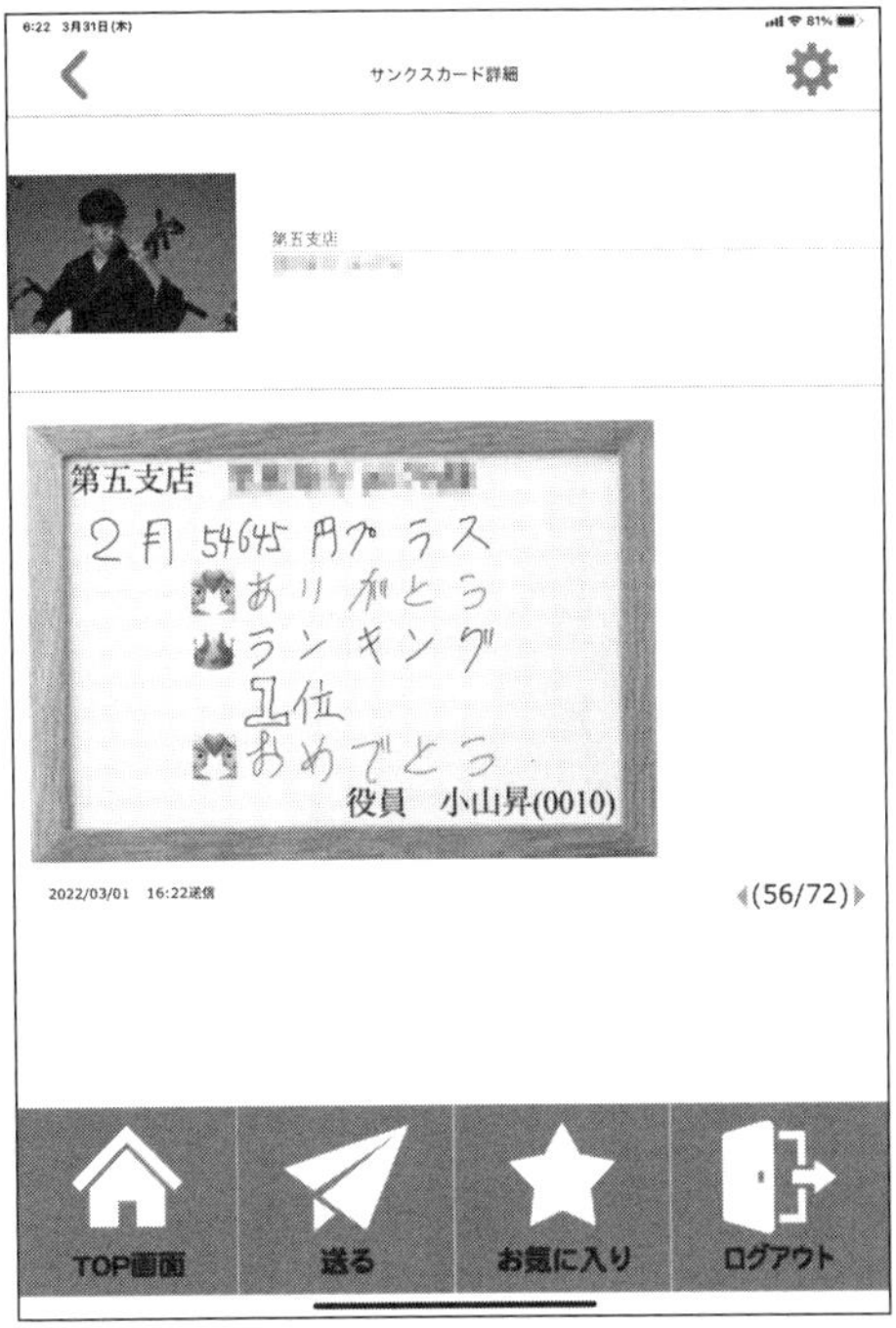

年間122,958の「感謝」が社内に飛び交う

ンクスカードアプリ」を使用しています。

アプリも、「スマートフォンに手書きで書き込む形式」に固定したので、打ち込んだ文字（テキスト）よりも感謝の気持ちが伝わります。

アナログの温かみを残しつつ、デジタル化で回収や集計の手間が大幅に削減できました。

武蔵野のデジタル化が進んでいるのは、新しいツール、新しいソフトを「今までのものと置き換える」ことを優先しているからです。

見切り発車で運用し、使いながら、修正を加える

「今、できるもの」からとりあえずはじめる

業務の効率化を実現する上で、私が重視しているのは、「正しくやることよりも、早くやる」ことです。

しくみが100%整っていなくても、とりあえずやってみる。ざっくりでもいいから運用してみる。

そして不都合があったら、変えればいい。

システムを導入するときも、新規事業をはじめるときも、新しい事業計画を動かすときも、「完璧な状態にしてからスタートする」のではなく、**「PDCAサイクルを回し、修正を加えながら、完璧に近づけていく」ことが大切**です。

新規開発のシステムは「早く動かす」ことが重要で、最初から完璧を求めてはいけない。**最初から完璧なシステムをつくろうとすると時間がかかり、利用開始が遅れます。100点になるのを待つのではなく、80点前後で見切り発車し、あとは不具合が出るたびに修正していく。これが正しいシステム開発の考え方です。**

わが社も、トライ&エラーを繰り返しながら、段階的にルッカースタジオを運用、定着させています。

1年目は、どんなものでもいいから、とりあえずつくる。

2年目は、1年目につくったルッカースタジオの中から「これは役に立つ」というルッカースタジオを全社横展開で利用する。

3年目は、ルッカースタジオを見直して、さらに使いやすく、さらに生産性が上がるように改善する。

「今、できるもの」でかまわないので、すぐにつくる。今できることをやらない人は、いつまでたってもやらない人です。

【武蔵野におけるルッカースタジオ定着のステップ】

- 第1段階……導入1年目／デタラメでもいいから「数」をつくる（199ページ）
- 第2段階……導入2年目／役立つルッカースタジオを「横展開」する（204ページ）
- 第3段階……導入3年目／より仕事がラクになるように「改善」する（218ページ）

- 第1段階……導入1年目／デタラメでもいいから「数」をつくる

「ルッカースタジオって何？」とよくわかっていない社員に対して、最初から「完成度の高いルッカースタジオをつくれ」「役立つルッカースタジオをつくれ」と強《し》いると、社員の手は動かない。

そこで私は、社員にこう命じました。

「全員、ルッカースタジオをつくれるようになること。ただし、完成度は問わない」

「質は問わない。とにかく量。たくさんつくる」

「役に立たなくても、テキトーでも、デタラメでも、簡単なものでもいいから、とにかくつくる」

すると社員は、嫌々ながらしかたなく手を動かします。

朝のお迎え報告をする幹部には、毎回新しいルッカースタジオで説明することを厳命した。幹部が説明で使っているのは明らかに部下が作成したルッカースタジオです。だが小山に説明しなければならないので、イヤイヤながらしかたなく勉強をします。

その結果、「ルッカースタジオとは何か」「ルッカースタジオで何ができるのか」「どうやってルッカースタジオをつくるのか」を体験として理解できます。

また、小山が出席する進捗会議では、新しいルッカースタジオと、前回の会議で決まったルッカースタジオの修正事項の発表を義務づけています。これによって、会議に参加している幹部が事例を共有できる。

1年目は、役に立たなくてもいいから「つくれるようになる」ことが最優先です。

「株式会社まきの」（東京都練馬区／葬儀の施行、仏神具、生花・花環、仕出料理、引出物等ギフト類）の牧野昌克社長は、ルッカースタジオ導入にあたり、「最初から質を求めてしまい、定着が遅れた」と話しています。

「小山さんから、『パートさんにもつくれる』と聞き、デジタルが得意な社員に作成を担当させました。ところが悪戦苦闘して、なかなかでき上がりません。停滞の理由を探ったところ、原因は『私』にありました。私が質を求めていたからです。つくってきたルッカースタジオに対し、私は『あーだ、こーだ』と厳しく批判をしました。その結果、社員が萎縮してしまったのです。**『いいものをつくらないと**

怒られる』と思うあまり、社員の手が止まりました」（牧野昌克社長）

ルッカースタジオを定着させるために大切なのは、「最初は量をつくる」ことです。最初から質や完成度を問うと、ブレーキがかかってしまいます。

「そこで現在では、『内容はなんでもいいので、とにかく数をつくること』と伝えています。いいルッカースタジオをつくることより、『たくさんつくること』が優先です。社内で『ドリブンアワー』という発表の場を設け、定期的に『自分は、どんなルッカースタジオをつくったか』『誰が、どんなルッカースタジオをつくったか』を発表させています」（牧野昌克社長）

株式会社まきのは、ルッカースタジオの定着を進めるため、武蔵野が主催する「パクリウォーカー」に社員15名を参加させています。パクリウォーカーに参加すれば、「武蔵野のデータドリブンを使用している事業部の生データを見ることができ（ミニセミナーもあり)、真似をする」こともできます。

「参加した社員の多くは、ルッカースタジオについて漠然としか理解していませんでした。ところが武蔵野さんの現場を見たことで、理解が進みました。社員の中から、『武蔵野さんのあのルッカースタジオはすごくいいね』『あれと同じものがあったらいいね』といった声も多いため、武蔵野さんのルッカースタジオを真似させてもらっています。

武蔵野さんには、それなりの授業料を払っていますが(笑)、たとえるなら武蔵野さんは高速道路です。高速道路は有料ですが、早く目的地に着ける。通行料を払わずに一般道だけ進もうとすると時間がかかるし、道にも迷う。道に迷っているうちに、ライバルにも時代の変化にも置いていかれます。そう思うと、**お金を払ってベンチマーキング(他社の優れた事例を取り入れて自社を改善すること)をして、ノウハウを持っている人に学び、真似をすることこそ、業務効率化の近道**ではないでしょうか」

(牧野昌克社長)

役立つルッカースタジオは、全部門で共有し、改善する

すでに結果が出ているものを真似たほうが、業務改善は進む

・第2段階……導入2年目／役立つルッカースタジオを「横展開」する

多くの人が、0から1を生み出そうとします。

ですが、経験や実績が不足しているために、結局は「1」を生み出すことはできない。だとしたら、

「すでに結果が出ている『1』を真似る」

ほうが近道です。

「時間をかけて最初に質の高いルッカースタジオをつくる」のではなく、「質が低くてもいいから、早く、たくさんつくらせ、その中から役立つものを横展開する」。これが私の考え方です。

横展開とは「他部門で成果が出ていることを、自部門にも取り入れて成果を出すこと」です。

「デタラメでもいいから、たくさんつくれ」と命じると、デタラメなルッカースタジオが山のようにでき上がります（笑）。

ですが、数を打てば当たる。

たくさんつくらせれば、デタラメの中にも2つ、3つ、「役立つルッカースタジオ」が見つかります。その「役立つルッカースタジオ」を全部門で共有します。

1年目に「役に立たなかったけれど、ルッカースタジオをつくったことのある社員」には、

「人がつくったルッカースタジオを真似する力」
「他部門のルッカースタジオを自部門用にアレンジする力」
が身についている。
だから、横展開ができます。

【ルッカースタジオの横展開を進めるための工夫】

・ルッカースタジオ大会

年に3回、社会情勢の変化や会社の方針の徹底などをテーマに勉強会を開いています。

そのうち1回は、「ルッカースタジオ大会」です。

各部門がルッカースタジオによるデータ分析および可視化を行い、生データで事例発表を行います。

この大会では、参加者の投票によって、上位のルッカースタジオを発表しています。

上位のルッカースタジオに共通しているのは、

「ルッカースタジオ大会」で各部門の事例を発表

順位の高いものは成果が出て、真似しやすいから社内への浸透が進む

「簡単なしくみで、全員が使える」
「真似しやすい」
ことです。

・バスウォッチング

大型バスを貸し切って、従業員（社員、アルバイト、パート）が全営業所を見学する勉強会です（毎年開催）。

「武蔵野がどのように変わってきたのか」「どのような取り組みをして、どのような成果を上げてきたのか」を全員で視察します。

社員は50個以上、パート・アルバイトは20個以上の「気づき」をメモに取り、バスの中で2分間にまとめ、発表・共有します。そして、発表した項目の中で、「今後、実行すること」をひとつだけ選びます。ひとり1個の改善でも、従業員全員が改善をすれば、「８００以上の改善」が可能です。

現在は、各部門がルッカースタジオの活用事例を発表し、参加者はその中から「3

「バスウォッチング」で各部門を見学後、自部門に活用したい他部門のルッカースタジオを発表

参加者全員が発表するから一気に改善が進む

推し」を発表する決まりです。

3推しの中から「自部門に活用できるもの」を真似することで、ルッカースタジオの共有が進みます。

・オープンオフィス化／ワンフロア化

部門ごとにフロアを分けたり、パーテーションで区切ることはせず、「仕切りのないワンフロア」に社員を集めることで、コミュニケーションが良くなりました。

その結果、社員間、部門間での情報のやりとりが多くなり、ルッカースタジオの横展開も進んでいます。

・毎月、各部門のルッカースタジオの作成状況をレポート

DX事業部では、横展開のしくみとして「各部門が作成したルッカースタジオの社内共有」を進めています。

入社2年目の渡邊沙巴羅がまとめたレポートの一部を抜粋して紹介します。

DX事業部の渡邊沙巴羅です。

9月より各部門にヒアリングしている「今月作成したルッカースタジオ」の社内共有がスタートしました！

毎月、ご協力いただきありがとうございます！

作成したきっかけや真似したルッカースタジオ、効果などを載せておりますので、ぜひご覧ください！

そして、ルッカースタジオを見て、「こういうのがつくりたい！」というのがあればいつでもご相談ください！


【クリーン・リフレ事業本部】
◎ルッカースタジオ「お客様の質問」（旧「リフレ成功事例」）
……つくろうとしたきっかけは？　今までの課題は？

「いろいろなルッカースタジオがあり、どれをどの場面で使ったらいいか混乱することもあり、活用できていませんでした」

……真似したルッカースタジオはありますか？

「総務のQ&Aルッカースタジオ。回答だけでなく関連マニュアルが表示される部分です」

……当初期待していた効果は？

「現場で使用するルッカースタジオを集約して、現場で活用できるようにすること」

……どういう効果がありましたか？

「統一されたことで、迷わなくなりました。効果は試験中です」

……普段、どうやって使いますか？　使おうと思いますか？

「お客様先でiPadを見せながら使用します」

【社長の営業グループ】

◎ルッカースタジオ「SEPお客様成績管理」

……つくろうとしたきっかけは？　今までの課題は？

「今までお客様の業績管理は、MQ（粗利益額）ストラック表を写真で送っていただいて確認するだけだった。チャット内に画像データとして蓄積されていたが、集計などもせず、担当者がお客様の業績に関して感度が低くなっていた」

……どういう効果がありましたか？

「まだ入力しはじめたばかりでデータが少ない。メンバーの業績評価にも入れていく予定。これから変化してくれることに期待」

【経理部】

◎ルッカースタジオ「携帯代内訳」

……つくろうとしたきっかけは？　今までの課題は？

「個人ごとの携帯代の金額はわかりますが、内訳まではわからなかったので内訳が表示されるルッカースタジオを作成しました」

……どういう効果がありましたか?

「有料オプションを自動的にわかるように表示させましたが、まだ効果は測れていません」

【売掛課】

◎ルッカースタジオ「貸し倒れ済レンタル」

……つくろうとしたきっかけは? 今までの課題は?

「貸し倒れが発生しているのに、担当や店長が変わるとそのお客様が貸し倒れ済みだと確認しておらず、レンタルを続行している場合があるため」

……どういう効果がありましたか?

「貸し倒れ済みのお客様がレンタルしていないかを確認するきっかけにしてくれればよいと思います」

◎ルッカースタジオ「売掛残」

……つくろうとしたきっかけは？ 今までの課題は？

「クリーン・リフレの請求において、経営サポートと一緒やダスキンと一緒のデータがあり請求残高が二重になっていたため」

……どういう効果がありましたか？

「クリーン・リフレを抜いた売掛残を出すことができた」

【コンタクトセンターダスキン】

◎ルッカースタジオ「本部CC見積もり紹介」

……つくろうとしたきっかけは？ 今までの課題は？

「他部門の業務を自部門で処理することになり、処理件数の推移の可視化のため」

……どういう効果がありましたか？

「数字の変化が棒グラフで見やすい」

【全社システム本部】

◎ルッカースタジオ「システム本部問い合わせ・依頼」

……つくろうとしたきっかけは？　今までの課題は？

「各部門、問い合わせルッカースタジオをつくっていますが、どの程度の人に見てもらっているかを知りたかったため、前日のルッカースタジオアクセス数を表示させました。また、問い合わせと依頼が混同していたため、それらをページ1とページ2に分ける修正を行いました」

……真似したルッカースタジオはありますか？

「総務が問い合わせと依頼をルッカースタジオで分けていたので参考にしています。ひとつ変えたところは、依頼フォームと問い合わせフォームを分けずに、ひとつのフォームにしたところです」

【マーケティング事業本部】

◎ルッカースタジオ「集客状況可視化」

……つくろうとしたきっかけは？　今までの課題は？

「目的は新規見込み顧客の把握」

……どういう効果がありましたか？

「今までは、マイページからセミナーをひとつずつ選択してCSVに落とさないと参加者がわからなかった。ルッカースタジオにすることで、すぐに可視化ができるようになった。また、営業も会社名がすぐわかるので、同僚に聞きたい会社の情報をすぐに聞けるようになった」

現場の意見を参考に、より使いやすく「改善」をする

・第3段階……導入3年目／より仕事がラクになるように「改善」する

かつての武蔵野は、小山昇の「超・超・超トップダウン」でした。小山昇というワンマン社長が、圧倒的なパワーで牽引する以外、会社を前に進めることができなかった。社内の価値観が揃っていなかったからです。

現在は違います。社員教育に注力した結果、社員の考える力が育った。社内の価値観も揃ってきた。文化も根付いてきた。今の武蔵野は、改善提案の98％が現場から上がってくる「超・超・超ボトムアップ」の組織です。

ボトムアップの組織のほうが、現実・現場に対応しやすい。なぜなら、社内でもっともお客様の顔が見えているのは社長ではなく、最前線にいる現場社員だからです。ルッカースタジオも、現場の意見を参考に「改善」を加えています。

わが社は、**「今、使っているルッカースタジオの改善数」を賞与の評価に結びつけています**。「改善しろ」と口で言ってもしないので、お金で釣っている（笑）。

「こういうページがあったほうがいいと思ってつくったけど、まったく必要じゃなかった。やめよう」

「こうしたほうが、使いやすいかも。こういうふうに修正しよう」

と改善すると、評価が上がる。評価が上がれば、賞与も増える。

わが社の社員がルッカースタジオの改善をするのは、「賞与をたくさんほしい」という、よこしまな考えからです（笑）。

経営サポート事業部、社長のサポート事業部を統括する市倉裕二統括本部長（参与）は、以前データドリブン事業部のトップを務めていた。

部下の野口智弘部長に「○○をしなさい」と指示すると野口は「はい、わかりました。早速やります」と言ってやらない（笑）。業《ごう》を煮やした市倉は、**上司が指示したことをやっているか確認するルッカースタジオをつくった**。指示したルッカースタジオを確認して開いたかがわかるルッカースタジオです。

行動が丸見えになりコロナ禍で驚異的な成績を収め、野口は本部長に昇進した。

私が1年目に「とにかく、なんでもいいから、ルッカースタジオをつくれ」と命じたせいで、現在は「デタラメで役に立たないルッカースタジオ」が溢れかえっています。放置状態、無法地帯です（笑）。

したがって、**「改善」のあとは「捨てる」**。ルッカースタジオの数を絞り、役に立たないルッカースタジオは捨てています。

誰が、どれだけ、どのルッカースタジオにログインしているかまで可視化できる

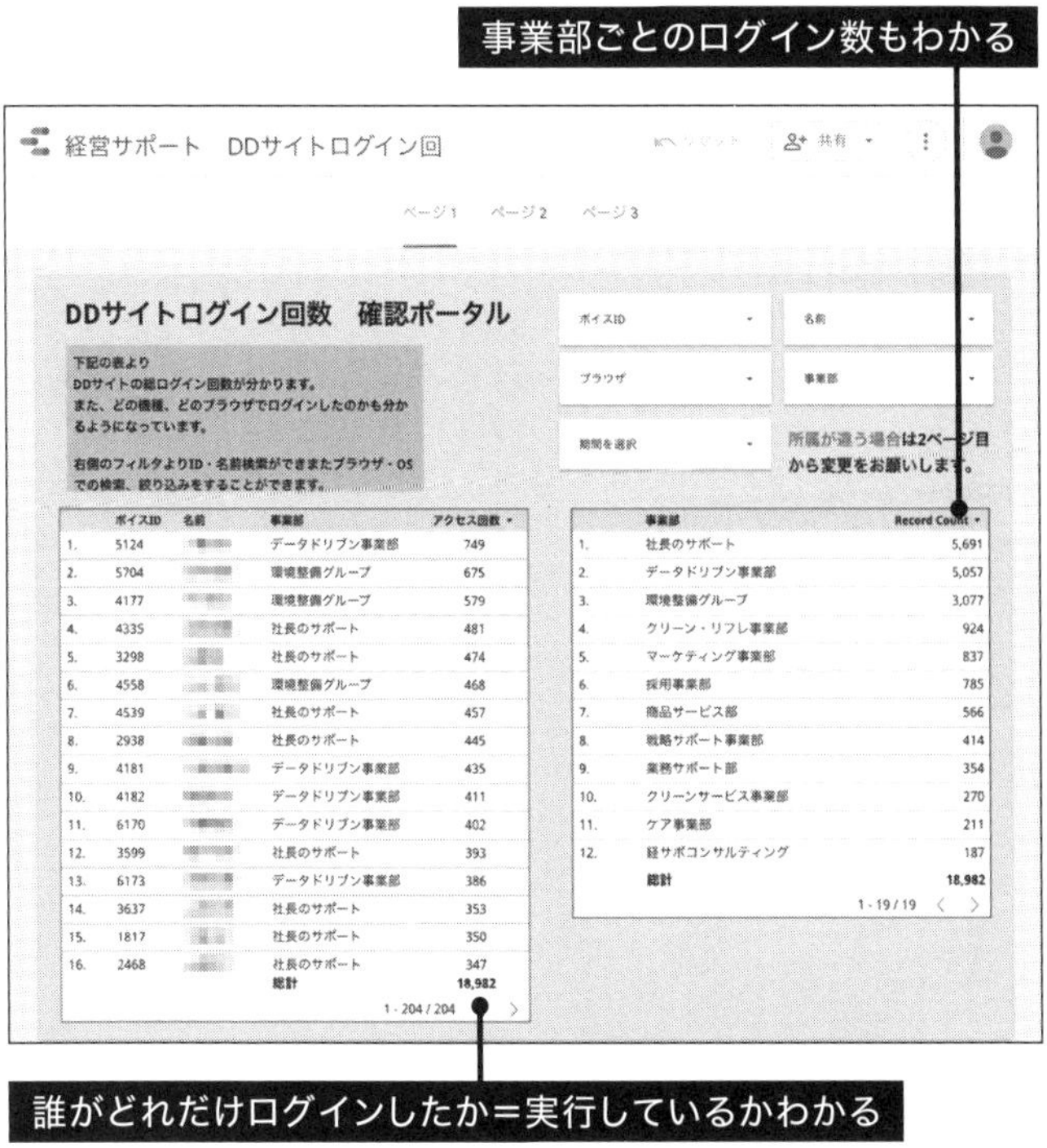

成果

指示したことが確実に実行されて成績が伸び、担当者は昇進！

データドリブンの教育は、簡単なこと、同じことを繰り返し教える

勉強会の講師に適任なのは、ITスキルの低い新入社員

「なんでもいいから、テキトーに」といっても、ルッカースタジオのつくり方がわからなければ、手に負えません。そこで定期的に**「ルッカースタジオのつくり方」を学ぶ勉強会**を実施しています。

勉強会の講師を務めるのは、「ITスキルのベテラン社員」ではなく、「ITスキルの低い新入社員」塚田啓寿・田邉直季の2名です。

「ITスキルの低い新入社員を講師にして、大丈夫か?」と疑問もあるかもしれませ

んが、もちろん「大丈夫」です。

私が、「ITスキルの低い新入社員こそ、講師に適任」と考える理由は、おもに2つあります。

①新入社員には、質問しやすいから

幹部社員やベテラン社員が講師を務めると、職責下位の社員は、「質問しにくい」「聞きにくい」と感じます。

一方、新入社員が講師なら、先輩社員は気兼ねなく質問ができ、知識のヌケがなくなります。新入社員のほうも、「入社したばかりなのに会社の役に立っている」と承認欲求が満たされて、やる気が出ます。

②簡単なことから教えるから

ITスキルが低い人を先生役にすると、簡単なことから教えるため、ITスキルの高い人を講師に据えるより、社員の理解が広まります。

同じことを何度も反復したほうが、理解が深まる

講師が受講生に、「3時間」の講義（仕事のレクチャー）をするとき、1時間目、2時間目、3時間目と1時間ずつ違うこと（新しいこと）を教えるのが一般的です。

ですが、2時間目に、「1時間目の復習（アウトプット）＋新しいこと（インプット）」、3時間目に「1時間目の復習＋2時間目の復習＋新しいこと」を教えたほうが、教育効果は高くなります。**人は「同じことを何度も繰り返し学んだほうが、成長する」**からです。

かつて私がインターネットの勉強をしたとき、講師に次のようなお願いをした。

「2時間目の講義は、1時間目と同じ内容でかまいません。3時間目も1時間目と同じ内容でいいです。同じ講義を3回繰り返してください。

私にとって大切なのは、新しいことをたくさん教えてもらうことではありません。教えてもらったことを自分の『技術』として使うことです。そのためには、同じことを繰り返して学んだほうがいい」

物事を理解させるには、同じことを重複させたほうがいい。そこでわが社は、「1・2・3」「2・3・4」「3・4・5」と継続的、重複的に教え、そして再び「1・2・3」に戻るといった具合に、同じことを何度も繰り返しています。

【同じことを何度も繰り返す】

・1回目の勉強……「1・2・3」
⬇
・2回目の勉強……「2・3・4」（2と3が重複）
⬇
・3回目の勉強……「3・4・5」（3と4が重複）

↓

・4回目の勉強……1回目に戻る（1・2・3。新しいことを教える）

中小企業の多くで人材が育たないのは、毎回違うことを教えようとするからです。

平成元年、私は武蔵野の社長になり、3年間新しいことを教え続けました。結果、退職者が多く出ました。しかも成長した社員はいなかった。社長3年目に方針を転換。同じことを何回も繰り返し教えた方が、人は成長すると学びました。

社員教育において大切なのは、質よりも量。同じことを何度も反復することです。

新しいシステムを導入したら、古いシステムは躊躇なく捨てる

社員が新しいことを嫌うのは、「知らない」から

人は誰でも変化を嫌います。「新しいこと」「やったことのないこと」「できそうもないこと」に不安を感じるものです。

私がはじめてｉモード、ボイスメール、インターネット、グループウェアの導入を決めたときも、社員はひとりの例外なく「面倒くさい」と反対しました。

たしかに、新しいことをやるのは、面倒です。時間もかかる。わずらわしい。それでも使い続けていくと、「使わないほうが面倒」であることがわかります。

「紙に手書き、電卓で計算」していた経費精算が「画面に触る」だけで済むようになったとき、「やっぱり紙のほうが便利だよね」と思う人は少ないです。
人は「知らないから反対をする」のであって、知ってしまうと、今度は、「やめることに反対」します。

私は、新しいソフトやツールを導入したとき、使わざるを得ないように、「古いシステムは躊躇《ちゅうちょ》なく捨てる」ように指示しています。

オンライン・ストレージの「BOX（ボックス）」を導入したときは、ある時点をもって、古いシステムを使えないようにしました。
「既存のパソコンをすべて（100台）処分して、新しいパソコンに買い換える。新しいパソコンは、容量が少ないSSDにして、今までのパソコンデータを移行できないようにする。それと同時に、今まで共有データを保存していた外付けハードディスクとクラウド型のオンライン・ストレージを使えないようにする」

慣れていないので、最初はブーイングの嵐です。ですが2週間もすれば、なんとか使えるようになる。すると、「前のシステムよりも、新しいシステムのほうが便利である」ことに気がつきます。

必要なことを強制するのも社長の仕事

社員が慣れたやり方を変えることに、「ノー」の気持ちを持つのは普通のことです。新しいシステムを導入しただけでは使ってもらえません。だから私は、「新しいシステムを導入するときは、古いシステムを捨てる」ようにしています。

武蔵野では、データ活用の重要性に着目し、エクセルのピボットテーブルを用いたデータ分析のしくみを早くから構築していました。その後、2007年に、データネーチャーを導入。ピボットテーブルを「捨て」ました。

そして現在、データネーチャーを「捨て」て、ルッカースタジオに移行しています。

使っていないライセンス使用をを止め、無駄な経費を削減

2022年3月まで				2022年4月以降	
Office365：651ライセンス					
パワポ	103／651	使用率15.8%		103ライセンス	**使用率100%**
エクセル	226／651	使用率34.7%		226ライセンス	**使用率100%**
ワード	89／651	使用率13.7%		89ライセンス	**使用率100%**

２０２１年には、Googleがライセンス体系を見直したことにより、武蔵野の年間ライセンス費用が４６０万円から１７００万円と3倍以上の大幅値上げになりました。

そこで、システム部の須貝佑介部長と菊池恭平課長が中心となり、大改革に取り組んだ。

見直しの対象になったのが「ＢＯＸ」「エクセル」「kintone」「MURAL」です。

ＢＯＸはGoogleドライブに置き換えが可能だったため、ＩＤを最小まで縮小。

エクセル（Office365）もGoogleツールに置き換えることができます。エクセルは普段使わない人にも無条件で配布していたので、事務職やエクセルをメインで業務に使う人以外は廃止。こちらも必要最小限に縮小した。

クラウド上のプラットホームであるkintoneは、評価シ

全社システム本部が「古いシステム」見直しの計画を立案

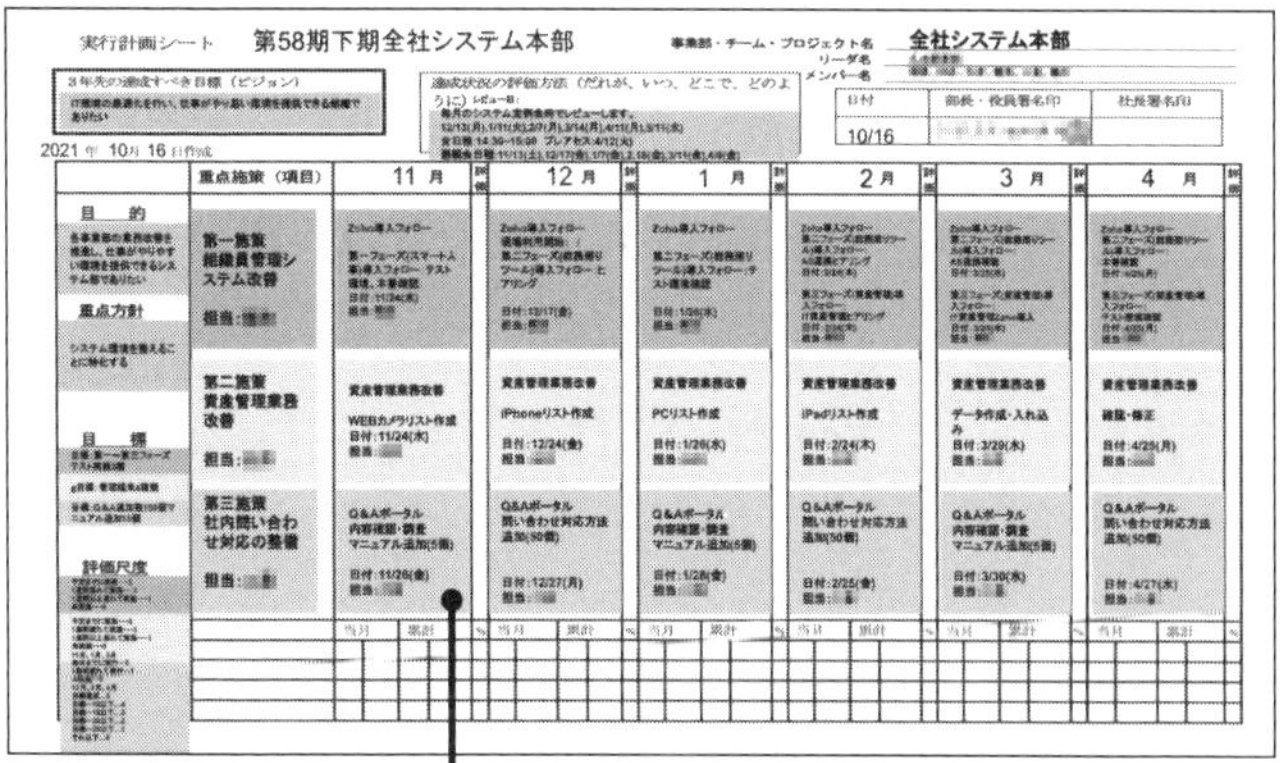

施策別に月ごとの実行計画を立て、PDCAサイクルを回す

成果

「捨てる」「縮小する」を徹底して5000万円の削減を実現！

ートを別システムに移行し、全社的に使用しなくなったため、同じく最小まで縮小。オンラインで同時に編集ができるホワイトボードのMURALもGoogleのJamboardに置き換えることができます。

このように全社システム本部が改善を進めて、現状で**累計約5000万円の削減につながった**。経費削減だけでなく、ネットワーク改善やセキュリティ対策などを同時平行で進めながら、頑張っています。

人は「現状を好む」ため、「現状のシステム」「今使っているしくみ」を残したままでは、変わろうとしません。だからこそ、「必要なことを強制する」ことも、社長の仕事です。

第5章

データを集め、整理整頓する

中小企業に必要なのは、「ビッグデータ」ではなく「小さなデータ」

中小企業はビッグデータを扱い切れない

2019年7月17日、武蔵野は、データドリブン経営に関するプレスリリースを発表しています。

「データドリブン経営へ向け、「Googleデータポータル（注：当時のサービス名。現在のルッカースタジオ）」を導入しました〜データ主導型組織づくり〜」

このプレスリリースには、「今後の展開」として、次のように記されてあります。

「一部データはクラウド管理がはじまっていますが、まだまだ基幹データはオンプレミス（自社設備内）で管理しています。「Google Cloud Platformを導入し、BigQuery《ビッグクエリ》（ビッグデータ解析サービス）にデータ移行を行うことで、リアルタイムのビジュアライゼーションをさらに、大きなデータで行うことができます。

さらにビッグデータとＡＩの連携を実現させます。

ＭＬ（学習）で業務の一部を自動化し、内部のデジタル化をさらに進めていきます。データ分析の部分では深層学習を用いて異常値の検出、予測値の分析と、その可視化を自動で行い、さらに迅速な経営判断を実現していきます。

ＡＩ分野に関しては、すでに武蔵野社内では、コールセンターでの音声自動文字化と、そのワードについての関連情報を社内マニュアルと連携させた、自動検索システムが実用化されています。

全従業員にｉＰａｄを支給し、誰もがデータを収集・活用できるという環境が整っている武蔵野だから、最先端のデジタル化が導入された後の展開は、急速なものとなると期待ができます」（一部抜粋して紹介）

ビッグデータとは、「大容量かつ多様なデータ群」「解析が難しい巨大なデータ群」のことです。

ルッカースタジオ導入当初、「データベースを一元化して、ビッグデータを解析する」ことで、さまざまなビジネスチャンスが広がると私は考えていました。経営計画書の「経営計画発表にあたって」（社長の決意表明を示した文言）の中で、ビッグデータの解析を掲げたこともあります。

ですが、データドリブン経営を進めた結果、私は考えをあらためました。

「中小企業にビッグデータはいらない」
「中小企業はビッグデータを扱いきれない」
ことがわかったからです。

武蔵野の基幹事業は、ダスキン事業です。

掃除用具のレンタルのほか、掃除代行、高齢者のケアサポートなど、「武蔵野地区」

にお住いの方の暮らしのお手伝いをしています。

「武蔵野地区」のお掃除をするのに必要なのは、「ビッグデータ」ではなく、

「身近なデータ」

「小さなデータ」

「武蔵野地区のお客様、ライバル会社のデータ」

です。

中小企業に必要なのは「5つの情報」だけ

コンピュータの世界（ビッグデータ）は「ゼロが3つ増える世界」です。キロ、メガ、ギガ、テラと、3桁単位で情報量が増えています。人間は「ゼロが3つ増える世界」を想像できません。

わが社に必要なのは、「解析が難しい複雑な情報」ではなく、「誰もが理解できて、誰もが使える情報」です。

私は、**次の5つの情報さえ漏らさなければ、業務効率化は可能**だと考えています。

（1）実績報告（数字）

誰が、何を、どれだけ売り上げたのか。どの部門がどれだけの黒字（あるいは赤字）を計上しているのか。具体的な数字を報告し、社長以下幹部社員で共有する。

（2）お客様からの声

お客様に褒められたこと、叱られたことを共有する。

（3）ライバル情報

どんなライバルが、どういう体制で、どういう営業攻勢をしかけているのか。現場の生情報を具体的に報告する。

（4）本部・ビジネスパートナー情報

おもに仕入れ先の情報。

(5) 自分・スタッフの考え

お客様やライバル会社の動向を踏まえていない「自分の考え」が役に立つはずがない。したがって、自分の考えは最後に話す。

現場を改善するのに必要なのは、現場の情報です。私が知りたいのは、「いつ、どこで、誰が、何をしたか」という客観的な事実です。

ビッグデータを解析するより、「ルッカースタジオを使って5つの情報を連携させ、分析し、現場の事実をあぶり出す」ことのほうが先決です。

「環境整備」が習慣化されると、データドリブン経営が定着しやすい

「必要な情報」を「取り出しやすい場所に整頓」しておく

拙著『99％の社長が知らない会社の数字の使い方』（ＫＡＤＯＫＡＷＡ）の中で、「株式会社後藤組」（山形県・米沢市／土木、建築、住宅、不動産）の後藤茂之社長は、

「仕事の環境整備とデータドリブンは合致している」

「データドリブンが定着しないとしたら、それは環境整備。とくに『整頓』が習慣化されていないことも要因のひとつではないか」

と述べています。

後藤組も武蔵野も、**「環境整備」**という取り組みを経営の柱に据えています。

環境整備
「仕事をやりやすくする『環境』を『整』えて、備える」ための活動のこと。整理・整頓・清潔を徹底することで、仕事の効率化と業績アップにつなげる。

環境整備は、
「社長と社員の価値観が揃う」
「やってはいけない仕事と、やらなくていい仕事が明らかになる」
「無駄な残業がなくなる」
「在庫が減り、資金繰りが改善する」
「社内がキレイになる」
「社員の感性が磨かれる」
「定位置管理が実現する」

「ＰＤＣＡサイクルが回り出す」
といった、多くのメリットがあります。

わが社では、「朝礼終了後、毎朝30分、全社員で掃除をする」決まりです。窓を拭く、トイレ掃除をする、床のワックスをかけ直すなど、「今日、この社員は、ここを掃除する」と事前に計画を立て、分担を決めて、掃除をしています。

「掃除」と表現しているのは理解しやすいからであって、環境整備と掃除は、本質的にはまったく違います。

社内美化への取り組みは、環境整備の一側面にすぎない。「環境整備」と「掃除」は、似て非なるもの。

「環境整備」は、組織力強化の道具です。

【掃除と環境整備の違い】

・掃除

掃いたり、拭いたりして、ゴミやホコリ、汚れなどを取り去る。

・環境整備

仕事がやりやすくなるように社内を「整」える。必要なものはすぐに取り出せるようにして、仕事に「備」える（準備する）。

環境整備の「整（整える）」には、2つの意味があります。

「整理」と「整頓」です。

わが社は、仕事をやりやすくするために、「整理」と「整頓」を徹底しています。

・**「整理」＝捨てる**

必要なものと不必要なものを分け、徹底して捨てます。

捨てるのは「物」だけではありません。「やらなくていい仕事」「必要のない情報」も捨てます。

いくつかある選択肢の中から「やらないもの、いらないもの」を仕分けすると、「本当に必要なもの」が明らかになります。

多くの社長は、「これはまだ可能性があるかもしれない」「これを断るともったいない」「この仕事はもう少しだけ続けよう」と未練を残す。だから、うまくいきません。

整理の習慣が身につくと、**「これはいる、これはいらない」を判断する目が養われます。**

・「整頓」＝揃える

物の置き場を決め、向きを揃え、いつでも、誰でも使える状態を保ちます。

物を置くときに、「自発的に向きを揃える社員」は武蔵野にはいません。「決められていないことはやらない」「決められたことは嫌々やる」社員ばかりです。

ですから、名前、数字（数量）、色、記号などで管理して、置き場や置き方を明示しています。情報の管理の方法も決められています。

社員ひとり一人が、形を整えて、決められたことを、決められた場所にきちんと整頓していく。社員全員が同じ方向に向かって行動することで価値観が揃い、会社として団結力が高くなります。

整頓の習慣が身につけば、「物事の考え方」や「仕事の段取り」も整います。

環境整備は「PDCAサイクル」を回すしくみ

環境整備は、「ＰＤＣＡサイクル」を回すしくみでもあります。

整理整頓は、誰にでもできることです。だからこそ、ＰＤＣＡを回す練習になります。誰にでもできる簡単なことでＰＤＣＡが回せなければ、会社を変えることはできません。

P（プラン）………仮説を立てて計画する
D（ドゥ）…………仮説をもとに、計画どおりに実行する
C（チェック）……仮説どおりの結果が出たかを検証する

Ａ（アクション）……検証の結果、仮説どおりなら継続する。仮説と違っていれば、改善する（新しい計画をつくり直す）

わが社は、４週に一度、全営業所、全支店を対象に**「環境整備点検」**を行っています。

「環境整備点検シート」には、各項目ごとに「評価」の欄が設けられていて、「○」か「×」を判断し、チェックをします。

「×」がつけられた項目は、「Ｄｏ」が間違っていたことがわかります。

すると、「チェックをされた側」は、「どうして○がもらえなかったのか」を検証し、「どうすれば○がもらえるのか」を考え、改善に取り組みます。そうしなければ、来月もまた「×」がついてしまうからです。

わが社の社員は、

「計画を立てて、環境整備を実行する」

環境整備が定着するとデータドリブン経営を実践しやすい

物の整理・整頓がデータの整理・整頓につながる

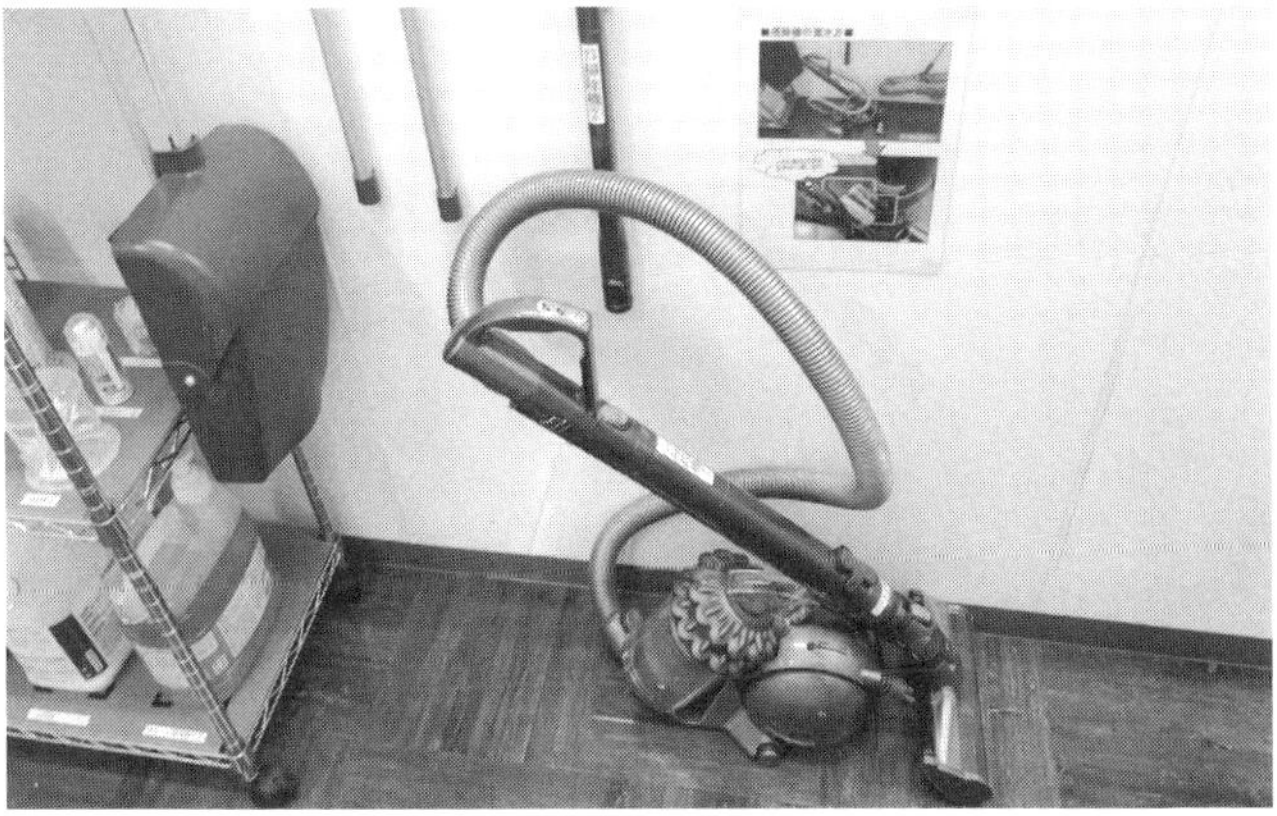

環境整備点検でPDCAを回す

⬅「4週に一度、チェックを受ける」

⬅「できていなかったことを改善する」

というサイクルを定期的に回しています。

わが社でルッカースタジオの改善が進むのは、環境整備によって、「やったことをやったままにするのではなく、チェックを受け評価を決める。そして、さらに改善を加えて次につなげる」という意識が社員に根付いているからです。

ルッカースタジオを定着させる上で、環境整備の習慣が必要なのは、

・データを分析するには、大切な情報とそうでない情報を見分ける力がいる

・情報の置き場所を決めておかないと（どこに、どの情報があるのかがわからない

と)、情報が生かせない

・環境整備がPDCAサイクルを回す練習になる。PDCAサイクルが回せないと、ルッカースタジオの改善ができない

からです。

なお、武蔵野では社員がルッカースタジオを作成する際の参考になるようサイト一覧を用意しています。

「ルッカースタジオまとめサイト」「クリーン・サービス共有ルッカースタジオ」「クリーン・リフレ事業部まとめサイト」「ルッカースタジオ大会発表事例一覧」などです。

過去のデータが未来をつくる

なぜ、「こうなりたい」という願望は叶わないのか？

多くの経営者が「こうなりたい」「こういうことをしたい」と願望を持っています。

ですが、その願望が実現するかは、わからない。たいがい、叶わない。願望を持つことと、実現することは違います。

では、願望の実現可能性を高めるにはどうしたらいいか。

その願望が叶うか、叶わないかを予測するにはどうしたらいいか。

過去の実績、つまり**「過去のデータ」を参考にして未来を予測する**ことです。

願望が叶わない要因のひとつは、「きっと、大丈夫だ」という、「主観による甘い見通し」や「思い込み」だけで先走るからです。

高校受験や大学受験で志望校を決めるとき、偏差値や模擬試験の成績といった「実績（過去のデータ）」を参考にします。

「あの学校に入りたい」という思いが強くても、実力がともなっていなければ、入学は難しい。小学6年生が「来年、東大に入りたい！」と思っても不可能です。中学生の勉強をして、高校の勉強をして、受験勉強をして、段階的に勉強の量を増やして実績をつくっていってから、はじめて東大合格が見えてきます。

経営計画も、同じです。過去の実績（データ）が、未来をつくります。

過去の実績と「今」を比べて、業績が下がっているのなら、「なぜ、下がったのか」「どうすれば上がるのか」を分析し、未来に向けた改善策を講じる。

業績が上がっているときも、「よかった、よかった」と喜ぶだけではダメで、「上がった要因」を分析し、未来の業績を上げるために改善策を考える。

思いを実現するためには、**データを分析して、「過去と、今と、未来の因果関係」を明確にする**必要があります。

データ分析をせず、思い込みだけで事業をはじめたところで、闇夜の鉄砲（当たるはずもないこと）です。

わが社がルッカースタジオを活用しているのは、データ同士の因果関係を明らかにして、願望実現の確率を高めるためでもあります。

データは「時系列」で見ないと、会社の変化を察知できない

ある時点のデータだけでは、会社の変化はわからない

デジタル時代は、世の中が猛スピードで変化する時代でもあります。分秒の単位で変化する市場・お客様に自社を対応させるには、「常に会社の数字をチェックして、変化の兆しをいち早くつかむ」「常に会社のデータを分析し、対応策を考え、いち早く実行する」ことが大切です。

社内のデータは、

「会社が正常か、異常か」

「世の中の変化に対応できているか、できていないか」

の判断材料になります。

ですが、ある時点の数字だけを見ても、「正常か、異常か」はわからない。


私たちが血圧や体重、体脂肪を定期的に測るのは、

「1回の数値だけでは、体調の変化がつかめない」

からです。

経営もそれと同じで、単月や単年のデータを確認するだけでは、変化を見逃します。

会社の異常を察知するには、その時点だけではなく、時系列で数字を比較することです。

売上も、粗利益も、営業利益も、「毎月、年計（移動累計）で見ていく」と会社の状態を把握できます。

年計

1年間の数字のトータルであり、その月から直近の1年間の数字をまとめたもの。移動累計ともいう。1月の年計なら「前年の2月から今年の1月まで」を集計した数字になる。年計には、売上の多い月（シーズン）、少ない月（シーズン）が含まれているため、季節変動の影響を受けることがない。

移動累計

1年間の売上高を1ヵ月ずつ移動して累計する。毎月、売上の年次決算をしている。長期的な傾向をとらえると同時に、短期的見通しを立てるのになくてはならない。売価が変動する会社（相場によって売上が変わる会社）は、「売上」と「数量」の年計をつくらないと判断を誤る（参照：『改訂3版 仕事ができる人の心得』CCCメディアハウス）。

年計は、次の公式で計算します。

◎年計の計算式

前月累計売上＋当月売上−前年当月売上＝年計

次ページの売上年計表を参考に「47期11月」の年計を計算すると、次のようになります。

47期10月の年計（3881）＋47期11月の売上（342）−46期11月の売上（321）＝3902

数字の羅列をグラフ化すると、会社の変化が一目瞭然

分析したデータを可視化する際に重要なのが、グラフです。

数字や文字の羅列をグラフであらわすと、データの中身が簡潔に伝わります。年計は、表よりもグラフにしたほうが、変化をつかまえやすくなります。

データは時系列にしてグラフ化すると分析できる

売上年計表

	46期		47期	
	当月	年計	当月	年計
1月	314	3,523	302	3,696
2月	292	3,531	351	3,755
3月	315	3,517	344	3,784
4月	297	3,504	294	3,781
5月	299	3,525	294	3,776
6月	299	3,502	314	3,791
7月	280	3,504	340	3,851
8月	320	3,525	325	3,856
9月	270	3,532	287	3,873
10月	296	3,593	304	3,881
11月	321	3,612	342	3,902
12月	405	3,798		

売上年計グラフ

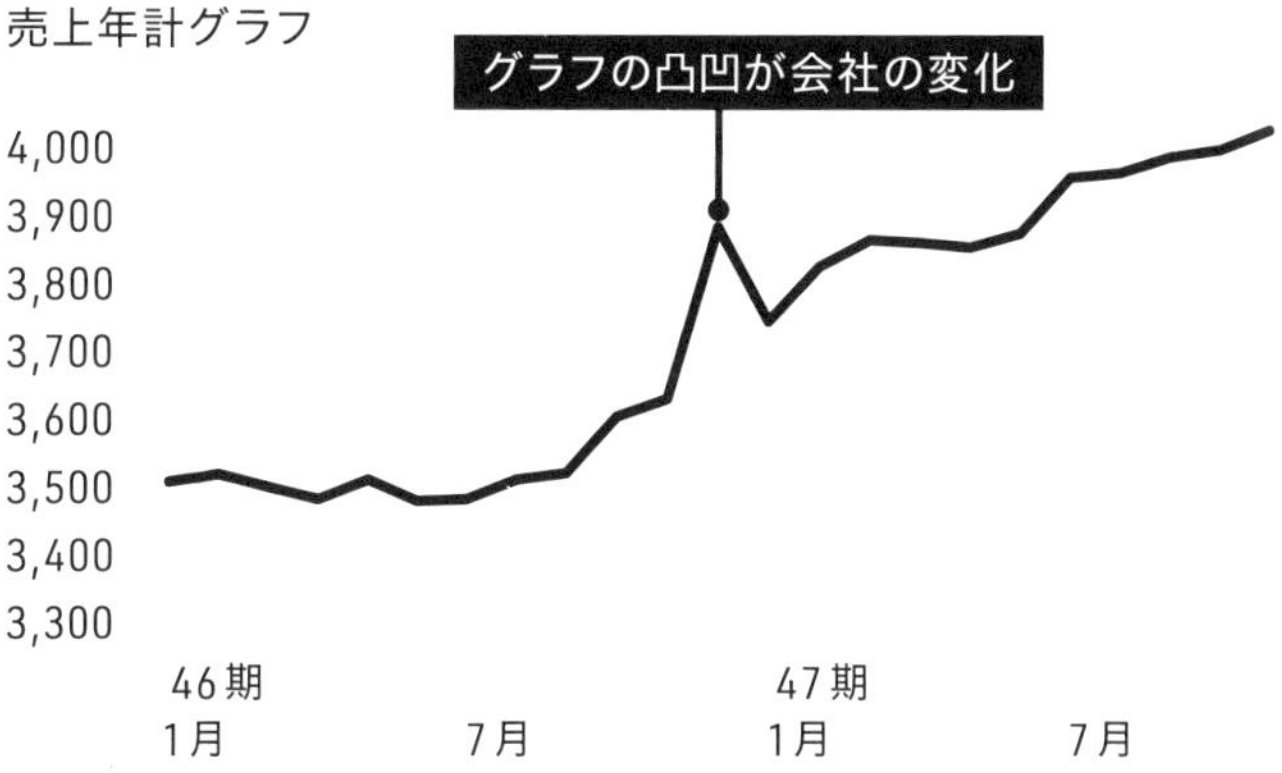

グラフにできた凹凸が「会社の変化」です。上昇傾向にあったグラフが下降し「凹んだ」のなら、異常（悪い状況）が起きている証拠です。

凹凸ができた原因を精査することが、会社の健康管理につながります。

中小企業では、「今期と前期の数字を比較するのは、年次決算のときだけ」の会社が少なくありません。

ですが、それでは時代の変化についていくことは難しい。会社の問題点を早期発見するには、毎月の定期チェックが必要です。

手元のデータが少ない場合は、どうすべきか

データ量が少なくても、とりあえず仮説を立てて実行する

売上、利益、客数、リピート率、ダイレクトメールの開封率、受注と発注のリードタイムなど、さまざまな数字が会社にあります。

ところが赤字の会社の多くは、こうした数字をデータ化していません。数字を集めていない、あるいは集めていても、整頓していないため、事業に役立てることができません。会社の異常を見つけるには、「データは時系列で比較する」必要があるのに、データが溜まっていなければ、比較しようがない。

では、データが集まっていなかったり、データの整理整頓ができていない場合は、どうすればいいのでしょうか？

「データが集まってから分析をする」のと、「手元にあるデータは少ないけれど、とりあえずそのデータで仮説を立てる」のでは、どちらが早く結果につながるでしょうか？

答えは後者、

「少なくてもいいから、今あるデータで仮説を立てる」

ことです。

たしかに、データ量の多いほうが分析の精度も仮説の精度も上がります。ですが、データを蓄えてから仮説を立てようとすると、スピードが損なわれます。

データ量が少なくても、とりあえず仮説を立てる。デタラメでもいいから計画（利益目標などの数字）を立てる。

そして、その目標に向かって行動を起こす。
すると、「実績」が出ます。

目標と実績を比べて、
「なぜ、目標に達しなかったのか」
「なぜ、目標に達したのか」
を分析し、次の対策を決めます。

「対策」とは、目標と実績の差を埋めることです。

デタラメでもいいから計画を立てる。そして実行する。実績と目標の差を埋めるための対策（次の計画）を考える。対策を実行に移す。また実績が出る。再び、実績と計画の差を分析する……。

このようにＰＤＣＡサイクルを回し続けると、

- **「実績」がデータとして積み上がる**
- **自分の「頭」の中にも、「経験」（失敗体験や成功体験）というデータが蓄積される**

ため、しだいに、精度の高い分析ができるようになります。

「株式会社古賀組」（福岡県朝倉市／土木、建築、不動産売買など）の古賀佐三社長も、現在、社内のデータ収集に力を入れています。

「もともと日報の習慣さえなかったほどアナログな会社で、データには無頓着だった部分があります。データがなければ分析もできないから、現在は武蔵野さんにご指導いただきながら、営業系データの入力作業を進めているところです。データが蓄積されて可視化、グラフ化が進めば、それに比例して業務の効率化も進むと考えています」（古賀佐三社長）

第 6 章

【事例編】データを活用した超効率経営

ルッカースタジオで患者動態を管理。再来院を呼びかけ、患者数20%向上。

はせがわ整形外科クリニック

長谷川恭弘院長／栃木県宇都宮市
一般整形外科、スポーツ整形外科、リウマチ科

「はせがわ整形外科クリニック」の長谷川恭弘院長は、おもにルッカースタジオを、

「横のつながりの構築」

「待ち時間の削減」

「ドロップアウトの防止」

に活用しています。


はせがわ整形外科クリニックには、5つのグループがあります。ですが、グループ間のデータ共有が図られておらず、保険診療の患者様と、自費診療の患者様は、違うシステムで管理されていました。その結果、患者動態（患者の動きや変化）が把握できず、

「患者様がいつから診察にいらして、いつから来なくなったのか」

「どういう認知経路で患者様がクリニックを知ったのか」

といった情報が明確になっていませんでした。

「患者様が途中で診察に来なくなったとき、これまではもう一度患者様のカルテを見直して、『あ、この方は何月から来てないんだ』と確認する必要がありました。そこで現在は、**『どの患者様が、どのような治療を、いつまでされているのか』を同一システム上で確認できるルッカースタジオを作成し、患者様の動態を管理しています**」（長谷川恭弘院長）

独立していたデータをひとつにまとめた結果、ドロップアウト（予定していた治療を中断したり来院しなくなること）された患者様のデータが一元化されています（自社サーバーを使うなど、個人情報に関するセキュリティ対策は万全）。

「どの患者様が来院されていないか」「いつから来院されていないか」「どこまで治療を終えているのか」が明確になっているため、再来院をうながすことも可能です。

あと3回通院すれば100％完治するのに、ドロップアウトした患者様がいます。この患者様に「もう少しで治療は終わります。完璧に治されたらいかがですか？」と連絡をすることは、押しつけでも営業でもなく、クリニックの「親切」「やさしさ」

です。

「多くの患者様は、『病院は、痛みが出てから通うところ』と思っています。ですが、当クリニックでは患者様の詳細なデータを管理しているため、痛みが出ていない方（クリニックに通院歴がある方）に対して、『今、どうですか？』『痛みは出ていませんか？』『少しお手入れされたらどうですか』とメールを送り、予防、相談、メンテナンスのための来院につなげることができます」（長谷川恭弘院長）

はせがわ整形外科クリニックは、「患者様が来るのを待つのではなく、患者様を呼ぶこと」に成功しています。コロナ禍にもかかわらず、1年間で患者数が4万人から5万人に増えたのも（延べ人数で1万人増）、ルッカースタジオで患者様のデータを管理し、再来院を呼びかけた結果です。

また、患者様の待ち時間を減らすため、待ち時間の可視化にも取り組んでいます。

「患者様から『待ち時間が長いよ』とご指摘をいただいても、『なぜ、待ち時間が長くなるのか』『どこで時間がかかっているのか』、その理由がわかりませんでした。そこで、診察の待ち時間、処置の待ち時間、レントゲン撮影の待ち時間などを集計、数値化しました。その結果、改善すべき原因が判明し、待ち時間の短縮が実現しています」（長谷川恭弘院長）

はせがわ整形外科クリニックの収益性が上がっているのは、ルッカースタジオによるバックヤードの効率化とともに、「患者様の立場に立って本当に必要な治療をする」という親切心が患者様に伝わった結果です。

人時生産性を毎日チェックし、麺業界に革命を起こす

株式会社ヤマナミ麺芸社

吉岩拓弥社長／大分県大分市
食品製造・加工・卸事業、飲食店経営、
コンサルティング事業、地域活性化事業

「株式会社ヤマナミ麺芸社」は、「麺業界の産業革命を起こす」をビジョンに掲げ、大分県内を中心に事業展開する麺産業のプロフェッショナルです。

ヤマナミ麺芸社では、**人時《にんじ》生産性（粗利益高÷総労働時間）を重要な指標と位置付けて、リアルタイムで数字を確認しています。**

「今までは、週単位、月単位で数字を確認していましたが、ルッカースタジオだと、毎日、数字を確認できます。『仕入れが多かったから生産性が下がった』『人員配置が良くなかったから生産性が下がった』といったように、**数値が悪くなった原因を毎日分析できるので、改善のスピードも早くなっています**」（吉岩拓弥社長）

コロナ禍により飲食業界全体が甚大な影響を受ける中、ヤマナミ麺芸社は「人時生産性の可視化」によってこの難局を乗り切っています。

「今までは、5人体制とか4人体制とか、凝り固まった考えで人材を配置していました。ですがデータを分析することで、『来週の生産高はこれくらいになりそうだから、こういうシフトにしよう』『この時期はこれだけ人数が必要だから、ここにこれだけ配置しよう』と、逆算して適切配置できるようになりました。『取引先の○○ラーメンさんの業績が良いので、この時期は麺をこれだけつくろう』といった、発注予測も可能です。どれだけの人数をかけて、どれだけつくればいいかの予測ができるため、効率的ですね」（吉岩拓弥社長）

ヤマナミ麺芸社が展開する「らーめん工房ふくや」「味噌乃家」「太一商店」といった店舗では、「コミュニケーションの可視化」をテーマにルッカースタジオを活用しています。

業績とコミュニケーションは比例関係にあり、社内のコミュニケーションが良いときは、業績も良くなる。そこでヤマナミ麺芸社では、武蔵野が懇親会の可視化をしているように、上司と部下の「サシランチ」や「面談」の実施状況をデータ管理しています。

学科試験の設問傾向を分析し、県内上位の教習所へ躍進

六日町自動車学校

佐藤与仁社長／新潟県南魚沼市
自動車教習所

「六日町自動車学校」では、以前から教習所専用の「プロフィット」という基幹システムを運用していました。そこで、プロフィットに蓄積されたデータベース（顧客情報、教習データ、指導員の勤務状況など）をルッカースタジオと連結するしくみを構築しています（プロフィットのデータが自動的にルッカースタジオに吸い上げられるしくみ）。

「入校状況、対前年比、合格率など、自分たちの仕事の成果をグラフで確認することが可能です。また、プロフィットのデータには教習料金の入金履歴も記録されているので、売上も一目瞭然です」（システム担当　取締役・榎本希望校長）

入校状況を分析した結果、「コロナ禍では、普通車の教習より、大型車や特殊車両が多くなっている」といった**お客様の傾向も明らかに**なりました。

「トラックやショベルローダーの教習を希望される方が多いのであれば、『大型車の指導員を育成する』『増車の手配をする』といった方針が決まります。設備投資が必要になったときも、**客観的なデータがあれば、金融機関への説得材料になります**」（佐藤与仁社長）

学科試験対策においても、ルッカースタジオは役に立っています。**出題と正答率の因果関係を分析にかければ、「教習生の多くが間違えている設問」を洗い出すことができる**からです。間違いやすい設問がわかれば、重点的に学習できます。

「ルッカースタジオを導入する前、新潟県内でも過疎地域に位置する当校の本免（運転免許試験会場での学科試験）の合格率は新潟県でも下位クラスに低迷していました。ところが、学科試験対策にルッカースタジオを活用し、間違いやすい設問をピンポイントで教えた結果、**県内36校中、11位まで上がっています**。監督行政からも県内でここまで急進した事例は稀だという評価を受けました」（佐藤与仁社長）

「残業時間の削減」と「集客」で絶大な効果を出す

株式会社オージーフーズ

高橋徹社長／東京都渋谷区
食品卸売事業、通信販売事業、物流事業、
フードコーディネート事業

「株式会社オージーフーズ」では、売上管理、マーケティング、ホームページへの流入経路の分析、労働時間の管理など、全部門でルッカースタジオを展開中です。

なかでも、「残業時間」と「流入経路」の可視化は、業務効率化に大きく貢献しています。

「ルッカースタジオで労働時間を可視化したことで、残業に対する従業員の意識が変わりました。ルッカースタジオ導入後、約半年で、残業時間が5時間短縮されています（月平均21時間から16時間に）」（高橋徹社長）

同じ仕事を完遂するまでに「早くできる人」と「遅くなる人」がいます。「早い」「遅い」は主観的、感覚的です。人によって「早い」「遅い」のとらえ方は違う。

これまでのオージーフーズでは、上長が部下に対して「早くするように」と抽象的な指示を出していたそうです。

ですが、スタッフごとの作業時間（1作業あたりの生産性、スタッフひとりあたり

の生産性）を可視化することで、主観が排除されました。「どの仕事にどれくらいの時間がかかっているのか」「どれくらい時間を短縮する必要があるのか」が数字によって明確になった。

「あなたはこの仕事に30分かかっています。Aさんは15分で終わらせています。あなたとAさんの違いは、これこれ、こうです。Aさんのやり方を真似すれば、10分は時間を短縮できます。目安は20分です」と具体的な指示が出せるようになっています。

「ルッカースタジオは、集客の面でも役に立っています。**ホームページのページビューや流入経路を管理することで、ネットからのお客様の流入数が増えています。**ルッカースタジオがなくても調査できますが、ルッカースタジオを使えばリアルタイムで数値がわかるため、**ホームページの改善スピードが速くなりました。ページビューは、導入前よりも1・3倍に、お客様からのお問い合わせは、約2倍に増えています**」

（高橋徹社長）

「なんとなく」という主観的経営から、データを使った客観的経営へ

株式会社キンキ

長谷川哲也社長／京都府京都市
工業用資材（商社）

「株式会社キンキ」では、取引先・仕入れ先とファックスでやりとりをすることが多いのに、「毎日、何枚ファックスが届いているのか」「何曜日が一番多いのか」といった定量データを持っていませんでした。

あくまでも感覚として、「金曜日に多い」と感じていた長谷川社長は、課内の打ち合わせ（お客様情報の共有と検討事項の打ち合わせ）を「金曜日」に設定。ところが、実際にデータを取ってみると、「1日平均約150枚のファックスが届いている」「ファックスがもっとも多く届く曜日は、金曜日ではなく木曜日」であることが判明しました。

「今までは勘に頼りすぎていましたね。適当でした（笑）。あまりにも社内に紙が多いので、小山社長から『どれだけヤギを飼っているんだ？』と冗談を言われたこともあります（笑）。今までと同じやり方ではファックスは減らないので、業務改善を進めている最中です。**一気に半分くらいまで減る予定です**」（長谷川哲也社長）

長谷川社長は、商品管理、クレーム対応にもルッカースタジオを役立てています。

「クレームもファックスと同じで、これまでは『なんとなく不具合が多い』『なんとなく少ない』と、『なんとなく』で判断していました。データを取ってみると、『この商品のクレームが多い』『ここに関する不具合が多い』と、クレームの内容が具体化できました。当社は商社です。クレームには『当社だけで減らせるもの』と、『仕入れ先の協力が必要なもの』があります。とり急ぎ、当社だけで対応できるクレーム改善に着手している段階です」（長谷川哲也社長）

受注残とライン稼働率をリアルタイムで把握し、時間当たりの生産性を上げる

金鶴食品製菓株式会社

金鶴友昇社長／埼玉県八潮市
食品事業
（ナッツやドライフルーツ類を中心とした製造、販売）

「金鶴食品製菓株式会社」では、製造、営業、生産計画などの数字をルッカースタジオで管理しています。

「最初は、データドリブンのことを『データどんぶり』だと思っていました（笑）」

という金鶴社長も、現在は**社内にデータドリブン専門の部署を立ち上げ、製造、営業、生産計画のDX化を進めています**。

「当社は受注生産が多く、計画生産がしにくいのが課題でした。そこで、受注量、受注残（まだ納品していない未出荷の状態）、各ラインの稼働状況など、**受注と生産をトータルで可視化**しました。『どの部門に受注残がどれくらいあるか』『どのラインがどれだけ稼働しているのか』がリアルタイムでわかれば、たとえば『10ライン中、2ラインと3ラインに仕事が集中しているので、他のラインに割り振ろう』といった仕事の受け渡しも可能になります。稼働していないラインを減らしたことで1時間あたりの生産量が上がって、**『残業時間は去年と同じなのに、売上が1・2倍にアップ』した月もあります。ラインの『空き時間』がなくなった結果、生産性が上がったわけ**

です」（金鶴友昇社長）

ルッカースタジオは、**原料（在庫）の管理**にもひと役買っています。

「これまでは、1日2回、現物を『目』で確認していました。現在はルッカースタジオを使って原料を管理し、受注があった段階で自動的に在庫量を計算できるので、**在庫確認の回数が『週に1回』に減っています**」（金鶴友昇社長）

金鶴社長は、ルッカースタジオを「まったく新しいこと」に活用するのではなく、「アナログでやっていたことをラクに、効率的にするため」に活用しています。金鶴社長のように、「アナログでうまくいっていることをデジタル化する」と、生産性は上がります。

金鶴食品製菓では、工場直送厳選素材のナッツ・ドライフルーツ専門店（直営店）

「K-nuts」も展開しています。直営店では、**「来店者数、購入人数」「お客様の年齢、住所」「お客様の声」などをルッカースタジオで管理し、集客に役立てています。**

「ご来店者数からお買い上げ人数を割り出した結果、『来店されたお客様の約7割が購入している』ことがわかりました。7割を割り込んだ場合は、お客様の声を分析して、『店員の対応が悪かった』『店内が暑かった、寒かった』『品数が少なかった』といった原因を見つけ、改善します。**ルッカースタジオを導入したことで、集客のしかたも変わってきました。**たとえばチラシを撒くときも、『どの地域に撒くと効果的か』『新商品情報と割引情報、どちらが効果的か』といった分析が可能です」（金鶴友昇社長）

著者紹介

小山 昇（こやま・のぼる）

株式会社武蔵野 代表取締役社長

1948年山梨県生まれ。東京経済大学卒。1976年日本サービスマーチャンダイザー（現・武蔵野）に入社。一時期、独立して自身の会社を経営していたが、1987年に株式会社武蔵野に復帰。1989年より社長に就任。赤字続きだった武蔵野を増収増益、売上75億円（社長就任時の10倍）を超える優良企業に育てる。2001年から同社の経営のしくみを紹介する「経営サポート事業」を展開。現在、750社超の会員企業を指導。450社が過去最高益、倒産企業ゼロとなっているほか、全国の経営者向けに年間240回以上の講演・セミナーを開催している。

1999年「電子メッセージング協議会会長賞」、2001年度「経済産業省・大臣表彰」、2004年度、経済産業省が推進する「IT経営百選・最優秀賞」をそれぞれ受賞。2000年度、2010年度には日本で初めて「日本経営品質賞」を2回受賞。

本書は、コロナ禍にもかかわらず過去最高益を実現した武蔵野の超効率経営の全貌を公開。データに基づく生産性最大化のしくみを紹介する。

『4万人の社長・幹部がベンチマークしたすごい会社の裏側（バックヤード）！』『小山昇の“実践”ランチェスター戦略』『99%の社長が知らない銀行とお金の話』『無担保で16億円借りる小山昇の“実践”銀行交渉術』（以上、あさ出版）、『門外不出の経営ノート』（ダイヤモンド社）、『新版 経営計画は1冊の手帳にまとめなさい』（KADOKAWA）、『改訂3版 仕事ができる人の心得』（CCCメディアハウス）などベスト&ロングセラー多数。

データを使《つか》って利益《りえき》を最大化《さいだいか》する
超効率経営《ちょうこうりつけいえい》

〈検印省略〉

2023年 3 月 25 日 第 1 刷発行
2023年 4 月 6 日 第 2 刷発行

著 者――小山 昇（こやま・のぼる）
発行者――田賀井 弘毅

発行所――株式会社あさ出版
〒171-0022 東京都豊島区南池袋 2-9-9 第一池袋ホワイトビル 6F
電 話 03（3983）3225（販売）
03（3983）3227（編集）
F A X 03（3983）3226
U R L http://www.asa21.com/
E-mail info@asa21.com
印刷・製本 文唱堂印刷（株）

note http://note.com/asapublishing/
facebook http://www.facebook.com/asapublishing
twitter http://twitter.com/asapublishing

ISBN978-4-86667-394-3 C2034